図解

頭のいい説明「すぐできる」コツ

鶴野充茂
Tsuruno Mitsushige

三笠書房

「説明能力」が、そのまま「仕事の能力」になる！

はじめに

大事なことから話す
――「頭のいい説明」の基本法則の1つ

伝えたいことが、相手に正確に伝わらない――。

指示したとおりに、相手が動いてくれない――。

あなたも、そんなジレンマに悩まされたことはありませんか？

私はコミュニケーション教育の専門家として、これまで数多くのビジネスマンに「頭のいい説明のノウハウ」を指導してきました。その過程で、「能力があるのに、それを周囲にうまくアピールできない」ビジネスマンの悲劇を多々見てきたのです。

1分もあれば、その人が「上司から信頼される人」かどうか、見当がつきます。

「信頼される人」の説明というのは、おおまかに2つの共通項があります。

1、「目的」がハッキリしている。

2、「相手への気遣い」ができている。

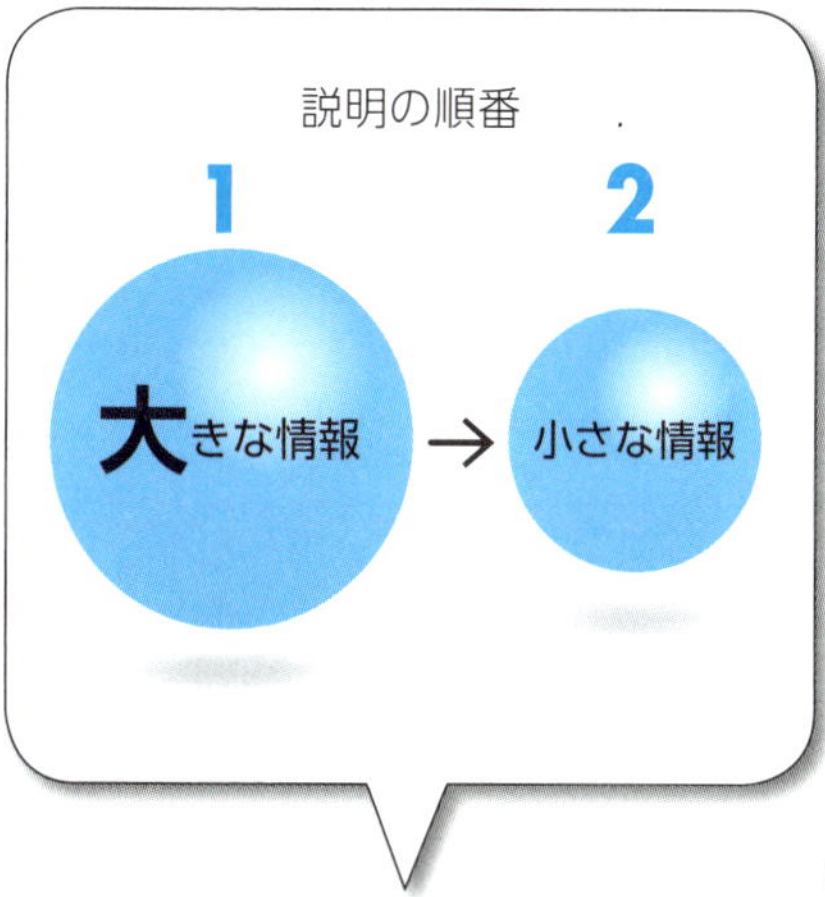

「説明の内容」がハッキリしていても、何のために説明しているのか、その「目的」がハッキリしない人が少なくありません。

「わかりやすい説明、わかりにくい説明」の分岐点は、このあたりにあるようです。

大事なことから話す。

大きな情報→小さな情報の順で説明する。

たとえば、この2つのコツを意識するだけでも、説明が格段にわかりやすくなります。

Q　あなたは「上司の今日のスケジュール」をおおまかに言えますか？

唐突ですが、この一行の「テスト」で「相手への気遣い」、つまり、あなたが上司からどのくらい信頼されているか、わかってしまいます。

上司の仕事スケジュールを把握している人ほど、上司から信頼される。

これは「人間関係・普遍の真理」です。

「上司のスケジュール＝上司が置かれている状況」を理解している部下が、上司から信頼されるのは当たり前のことです。「上司のスケジュールに対する理解」は、「上司への気遣い」となって、説明の端々に現れるはずだからです。

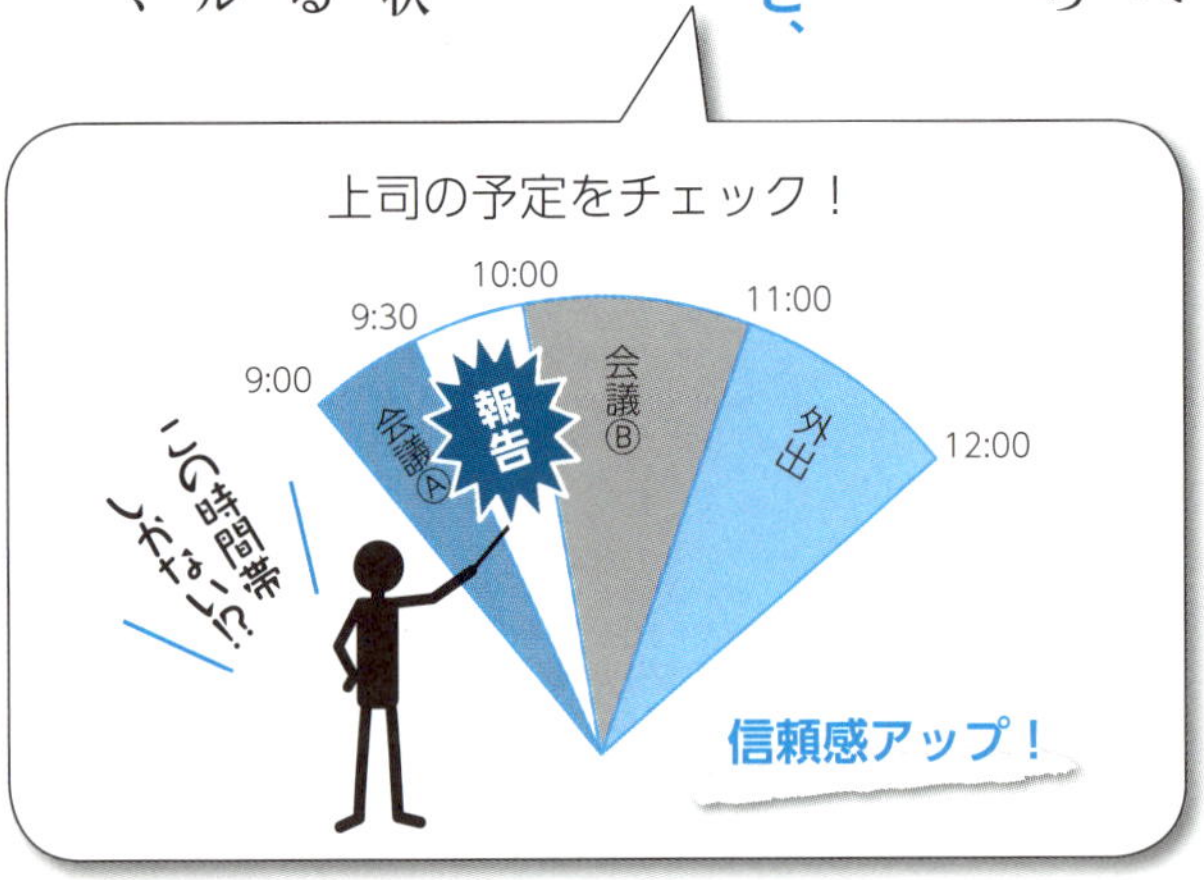

「当たり前のこと」を「当たり前にする」だけでいい。

説明がうまくなるためには、それだけで十分と言っていいかもしれません。

本書では、説明がうまくなる「すぐできるコツ」を、選りすぐって紹介します。

いずれも**「簡単にできて、簡単に結果が出る」**といった基準で選んでいます。

今は、**「説明能力」がそのまま「仕事の能力」**として評価される時代です。成果主義が当たり前になったことで、「自分の成果」は自分で説明することが業務の一部になったのです。

本書が、あなたの「仕事の可能性」をさらに広げることを願ってやみません。

鶴野充茂

共通項が「共感」を生む

すぐ成果が出る！

本書の頭のいい使い方

① 「すぐできる」「すぐ成果が出る」コツをすべて紹介！

コミュニケーション教育の専門家である著者が、
「頭のいい説明ノウハウ」を厳選。

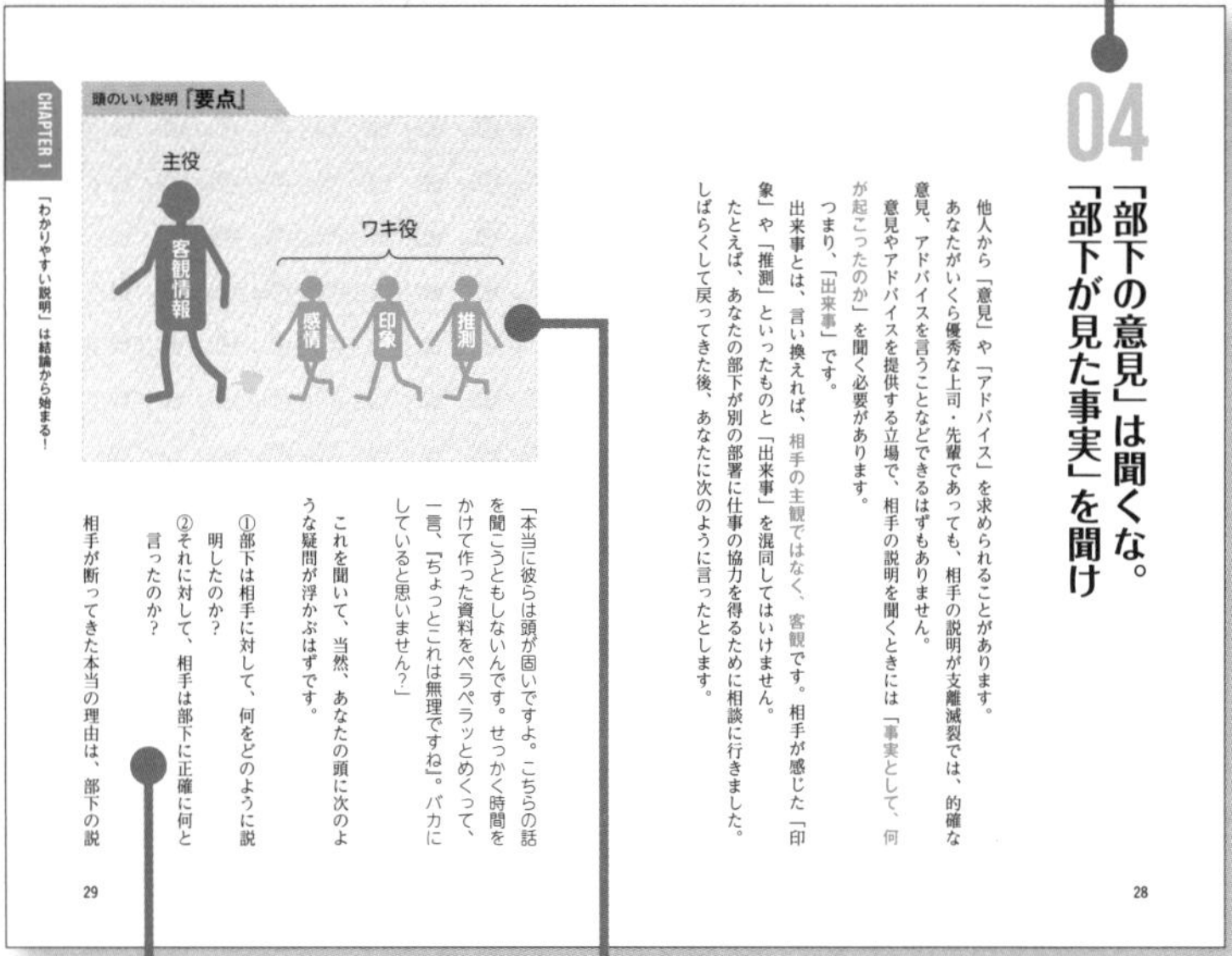

CHAPTER 1 「わかりやすい説明」は結論から始まる！

04

「部下の意見」は聞くな。「部下が見た事実」を聞け

他人から「意見」や「アドバイス」を求められることがあります。

あなたがいくら優秀な上司・先輩であっても、相手の説明が支離滅裂では、的確な意見、アドバイスを言うことなどできるはずもありません。

意見やアドバイスを提供する立場で、相手の説明を聞くときには「事実として、何が起こったのか」を聞く必要があります。

つまり、「出来事」です。

出来事とは、言い換えれば、相手の主観ではなく、客観です。相手が感じた「印象」や「推測」といったものと「出来事」を混同してはいけません。

たとえば、あなたの部下が別の部署に仕事の協力を得るために相談に行きました。しばらくして戻ってきた後、あなたに次のように言ったとします。

28

頭のいい説明「要点」

「本当に彼らは頭が固いですよ。こちらの話を聞こうともしないんです。せっかく時間をかけて作った資料をペラペラッとめくって、一言、『ちょっとこれは無理ですね』。バカにしていると思いません？」

これを聞いて、当然、あなたの頭に次のような疑問が浮かぶはずです。

①部下は相手に対して、何をどのように説明したのか？

②それに対して、相手は部下に正確に何と言ったのか？

相手が断ってきた本当の理由は、部下の説

29

② 小さな図で、頭のいい説明の「イメージ」がつかめる！

まずは、この小さな図を見て、頭のいい説明の
イメージを脳に焼きつけましょう。

「相手が行動する説明」だ！

図解だからすぐできる！

④ 大きな図で、頭のいい説明の「具体策」がわかる！

②でつかんだイメージを、具体的な場面で「どう使えばいいか？」早わかり！

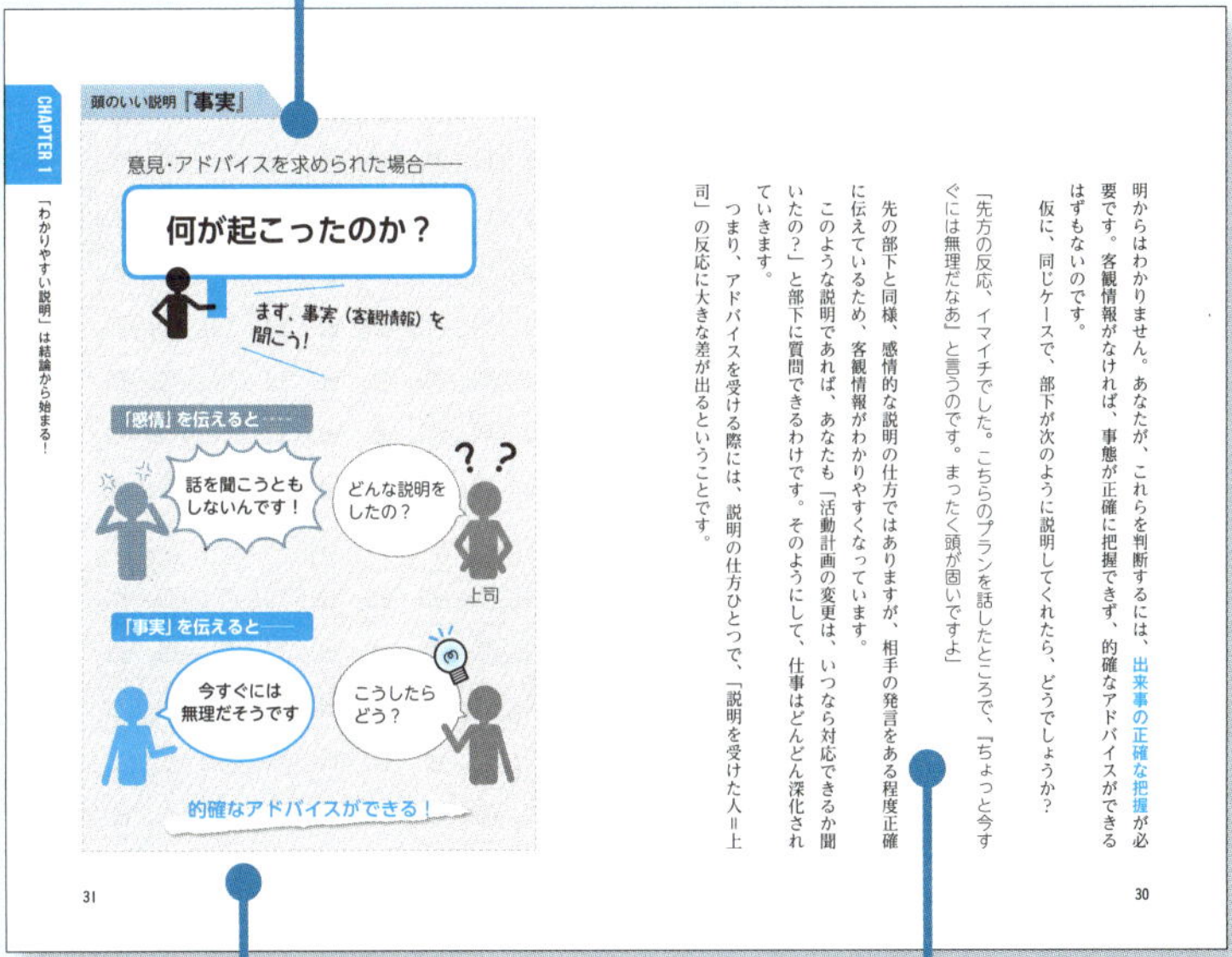
明からはわかりません。あなたが、これらを判断するには、出来事の正確な把握が必要です。客観情報がなければ、事態が正確に把握できず、的確なアドバイスができるはずもないのです。

仮に、同じケースで、部下が次のように説明してくれたら、どうでしょうか？

「先方の反応、イマイチでした。こちらのプランを話したところで、『ちょっと今すぐには無理だなあ』と言うのです。まったく頭が固いですよ」

先の部下と同様、感情的な説明の仕方ではありますが、相手の発言をある程度正確に伝えているため、客観情報がわかりやすくなっています。

このような説明であれば、あなたも「活動計画の変更は、いつなら対応できるか聞いたの？」と部下に質問できるわけです。そのようにして、仕事はどんどん深化されていきます。

つまり、アドバイスを受ける際には、説明の仕方ひとつで、「説明を受けた人＝上司」の反応に大きな差が出るということです。

30

31

⑤ 効果、メリットまで一目瞭然！

「頭のいい説明、悪い説明」の違いが一目でわかるから、すごい効能を実感できる！

③ 基本から応用まで、今日から役立つコツを丁寧に解説。

読めば読むほど、あなたの「仕事の可能性」がさらに広がるコツをわかりやすく紹介。

「頭のいい説明」とは——

『図解　頭のいい説明「すぐできる」コツ』　もくじ

CHAPTER 1

「わかりやすい説明」は結論から始まる！

CHAPTER 2 頭がいい人は例外なく「説明が短い！」

CHAPTER 3 できる人は「箇条書き」で説明する！

CHAPTER 4
「いい言葉」が「いい人間関係」を生む！

CHAPTER 5
信頼される人は「本気の伝え方」がうまい！

編集協力……小松事務所
本文DTP……川又美智子

CHAPTER 1

「わかりやすい説明」は結論から始まる！

01

「頭のいい説明」とは「相手が行動する説明」だ！

あなたにとって、**ビジネスにおける「説明」の目的**とは、いったい何でしょうか？

①相手にわかりやすく伝えること？
②正確に伝えること？
③問題が起こらないようにすること？
④情報を自分のところだけで止めておかないこと？
⑤何らかのお願いを通すこと？
⑥相手が行動を起こすこと？

人によって、さまざまな目的が考えられるでしょう。もちろん何が正しく、何が正

頭のいい説明『意識』

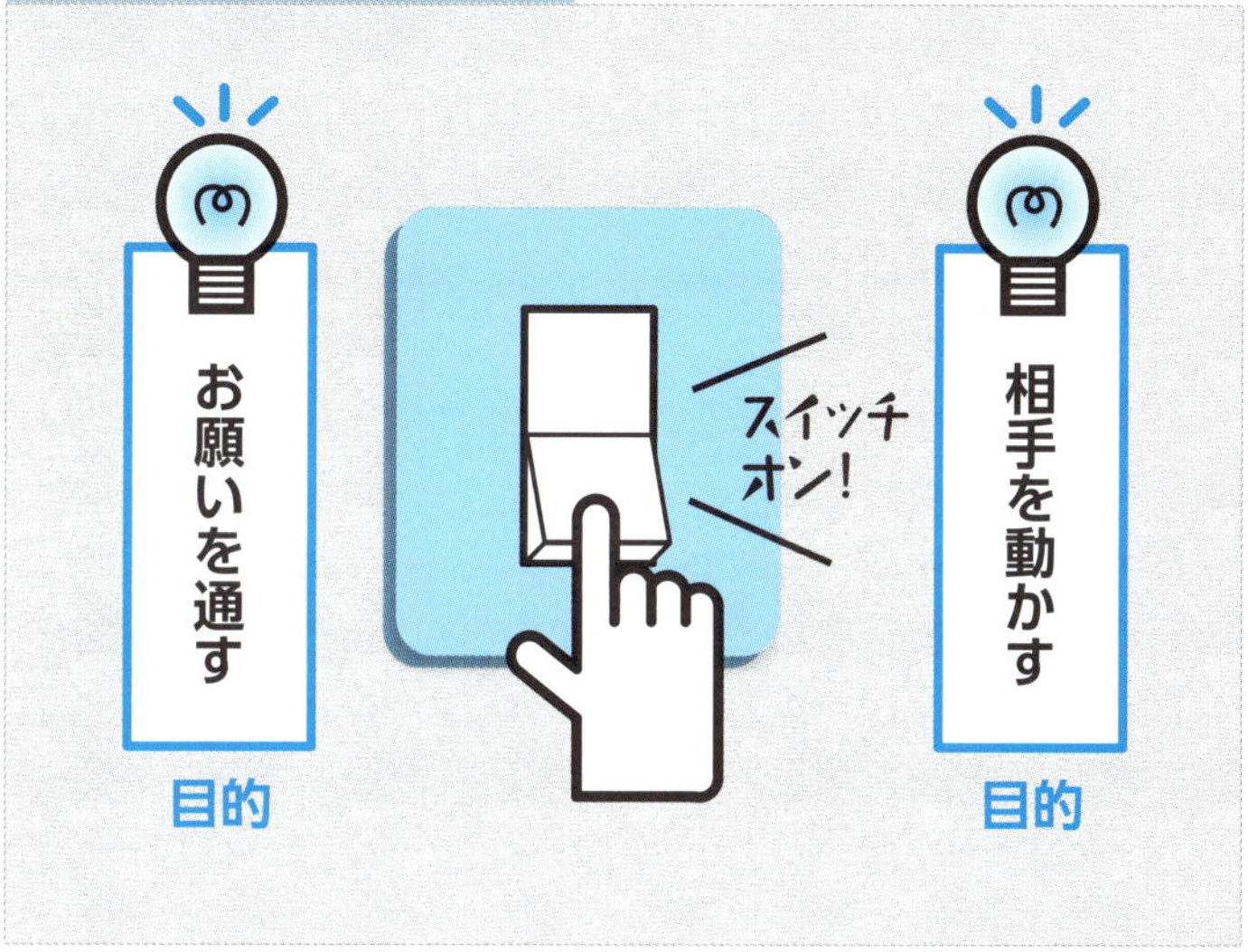

しくないと決められるものではありません。

ただし、多くの人に説明をアドバイスしてきた経験から私が言えるのは、①~④の説明では不十分だということです。

⑤と⑥のような目的意識を持った説明こそが、仕事ができる人の説明なのです。

この**「目的意識の差」**が**「説明の効果の差」**としてハッキリ表われます。「何のために説明するのか」という意識自体が、あなたの説明そのものを変えてしまうのです。

この本では、説明の目的を**「仕事で結果を出すこと」だと定義**します。この定義のもとでは、説明の効果は3段階に分割できます。

第1は**「伝える」**段階。これは「話し手が聞き手に情報を一方的に渡す」状態です。

この段階では、「相手に話が伝わった」かどうかはわかりません。あなたが「伝えたいこと」とはまったく別のものを、相手が受け取っている可能性もあります。

第2は**「伝わる」**段階。これは「話し手が伝えた情報を聞き手が理解した」状態です。

この段階では、あなたの考えていることは、正確に相手に伝わっていますし、あなたが言おうとしていることを間違いなく相手は理解しています。

ただ、この段階では、まだまだ不十分です。なぜでしょうか？

説明の本来の目的――「仕事で結果を出すこと」――は達成できていないからです。

相手は「あなたの伝えた情報」をただ理解しているだけで、それに基づいて「行動を起こして」いません。つまり、説明の前と後で状況は変化していないのです。ビジネスでは、相手が行動してはじめて「結果が出る」と言えるのです。

第3は**「結果が出る」**段階。

説明をする際、話し手には必ず「仕事を進めたい」「相手に協力してもらいたい」といった何らかの意図があります。それが実現した状態です。

相手の行動を促して成果につなげる。仕事で結果を出すために説明する――。

この本では、この「結果が出る説明」を最終的なゴールとします。

頭のいい説明『基本』

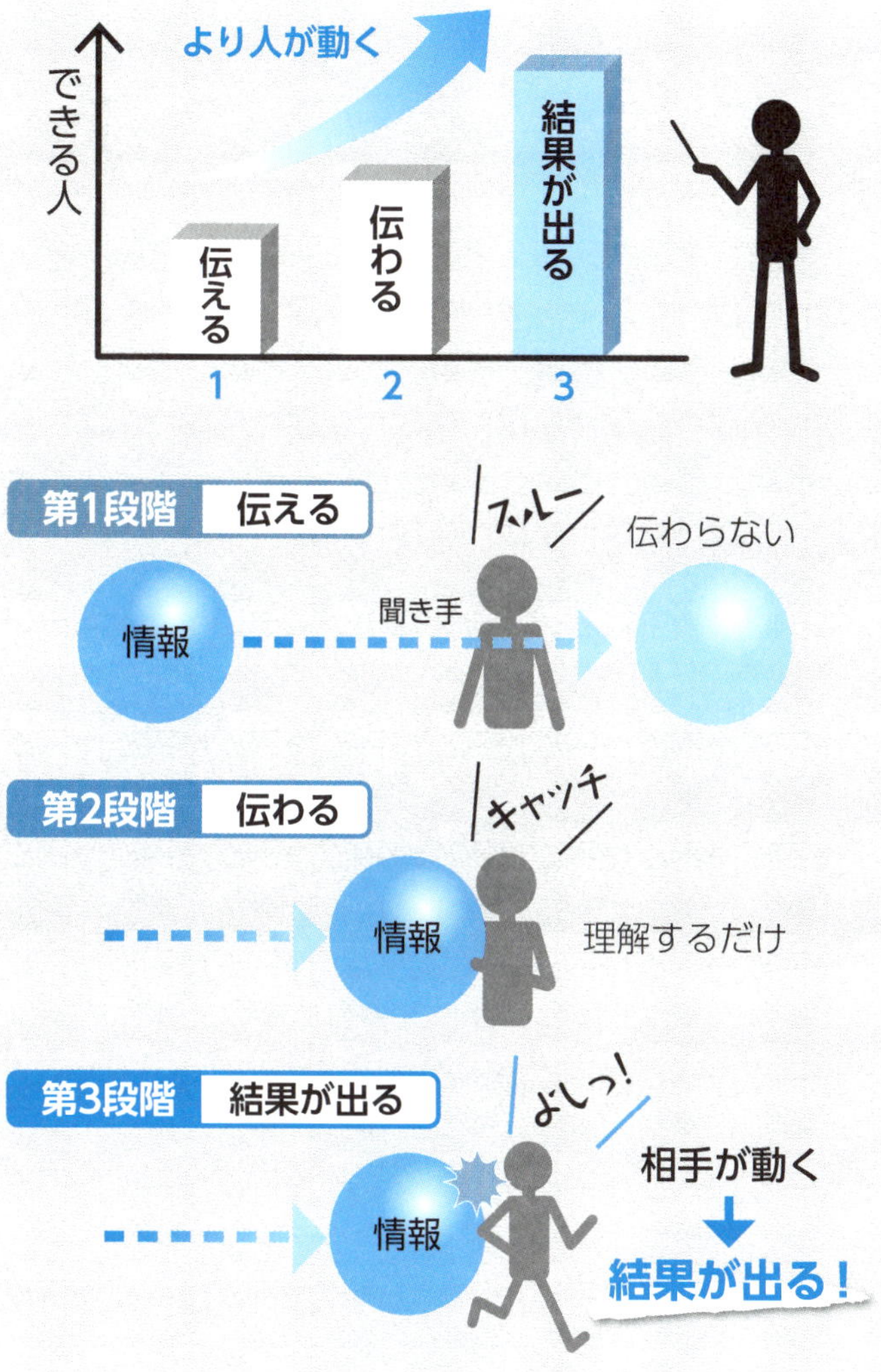
より人が動く
できる人
伝える
伝わる
結果が出る
1
2
3
第1段階 伝える
スルー
伝わらない
聞き手
情報
第2段階 伝わる
キャッチ
情報
理解するだけ
第3段階 結果が出る
よしっ！
情報
相手が動く
結果が出る！

02 「大きな情報→小さな情報」の順で説明する

どういった順番で話すか――。

仕事ができる人は、説明する前にまずそう考えます。話の順番によって「聞き手の頭の中にすんなりと入っていくか否か」が左右されるからです。

自分がそのときに思いついた順番ではなく、**聞き手が「聞きやすい」と感じる順番で話す**ことが「ビジネスで使える1分説明」の基本です。

ある県の依頼で地元観光業の方々向けに研修をしたときのことです。

現地に入ってホテルの人に何気なく、

「この時期は、お客さんは多いのですか？　今日は混んでいますか？」

と聞いたところ、こんな答えが返ってきました。

頭のいい説明『順番』

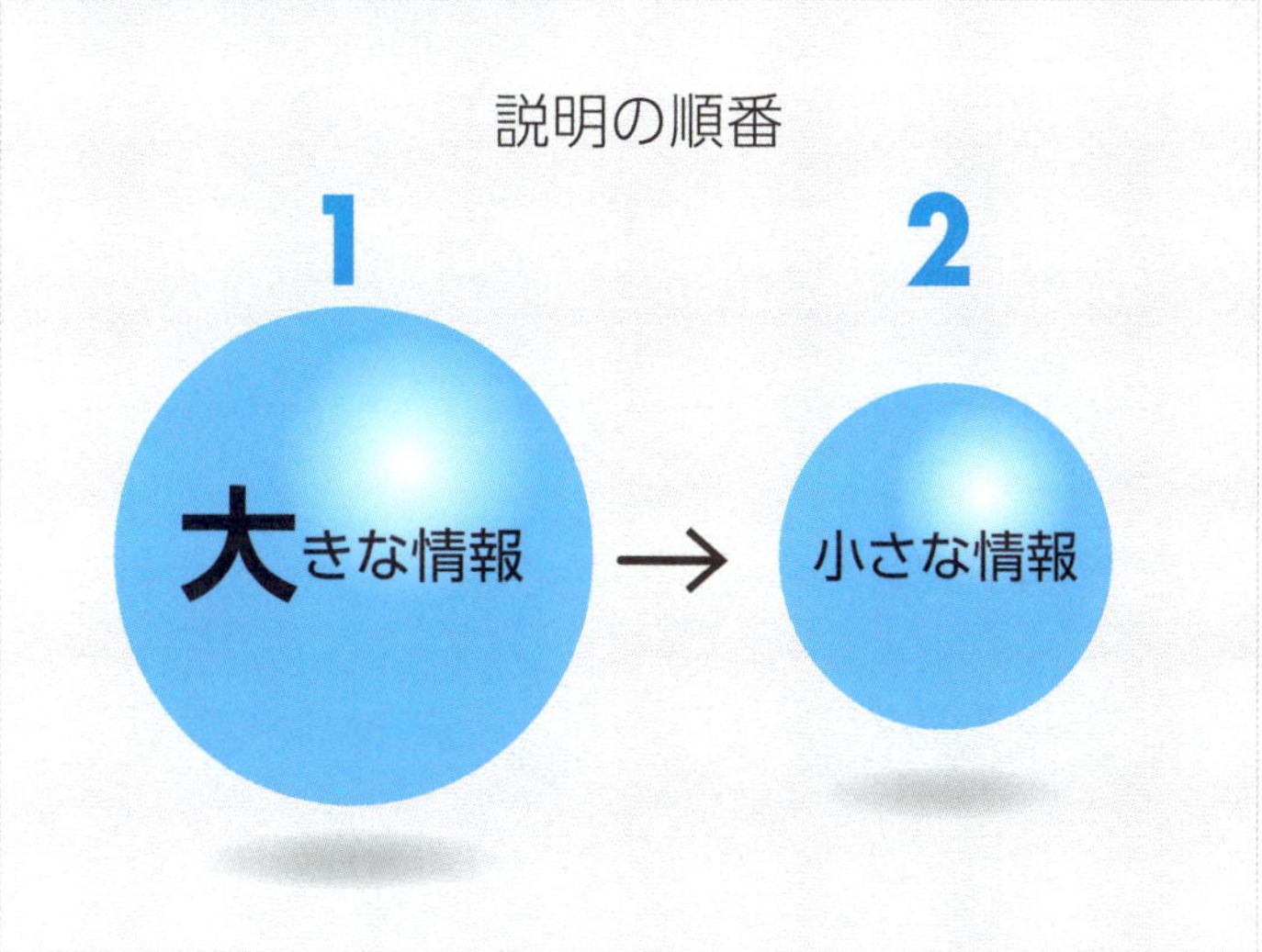

「今日の予約は100部屋くらいですね。8割程度でしょうか」

私は思わず、

「それって、混んでいるのですか?」

と聞き返してしまいました。

このとき、次のような説明をしてもらえれば、すぐに状況を正しく理解できたでしょう。

「比較的混んでいます。当ホテルの平均稼働率は約7割ですが、今日は8割程度です。客室は125部屋で、100組ほどのお客さまが泊まっていらっしゃいます」

このように、ホテルの人はまずは「混んでいるか否か?」「普段と比べてどれくらい混んでいるか?」、という問いに対して答える。

つまり、最初に相手が概要をイメージできるような**「大きな情報」を提供する**とわかりやすかったのです。

そのうえで、「今日の予約は100部屋」「8割」といった具体的な数字――「小さな情報」――を与えるほうが、聞きやすいだけでなく、はるかに説得力があります。

もちろん、こうした小さな情報も、ホテルの状況をより具体的に知りたいと思ったときには、絶対に欠かせないと言っていいでしょう。仕事で頻繁にコミュニケーションを取っている相手であれば、この2つの情報はまさに「求めている情報」と言えるかもしれません。

人は説明を受けるとき、意識して聞きたい情報を待っています。

聞きたいことを1つ聞いて理解できたところで、新たな疑問を持ち、その疑問に対する新たな情報を得ようとするのです。ですから仕事ができる人は、**「相手が聞きたいと思っている情報」**をつねに意識しています。

相手が聞きたいことを察知する方法は、**相手が言った「最後の言葉」に返答すること**です。とくに話し言葉では、最初はぼんやりとした質問が出てくることが多く、本当に聞きたいことは最後になる場合が多いからです。

頭のいい説明『狙い』

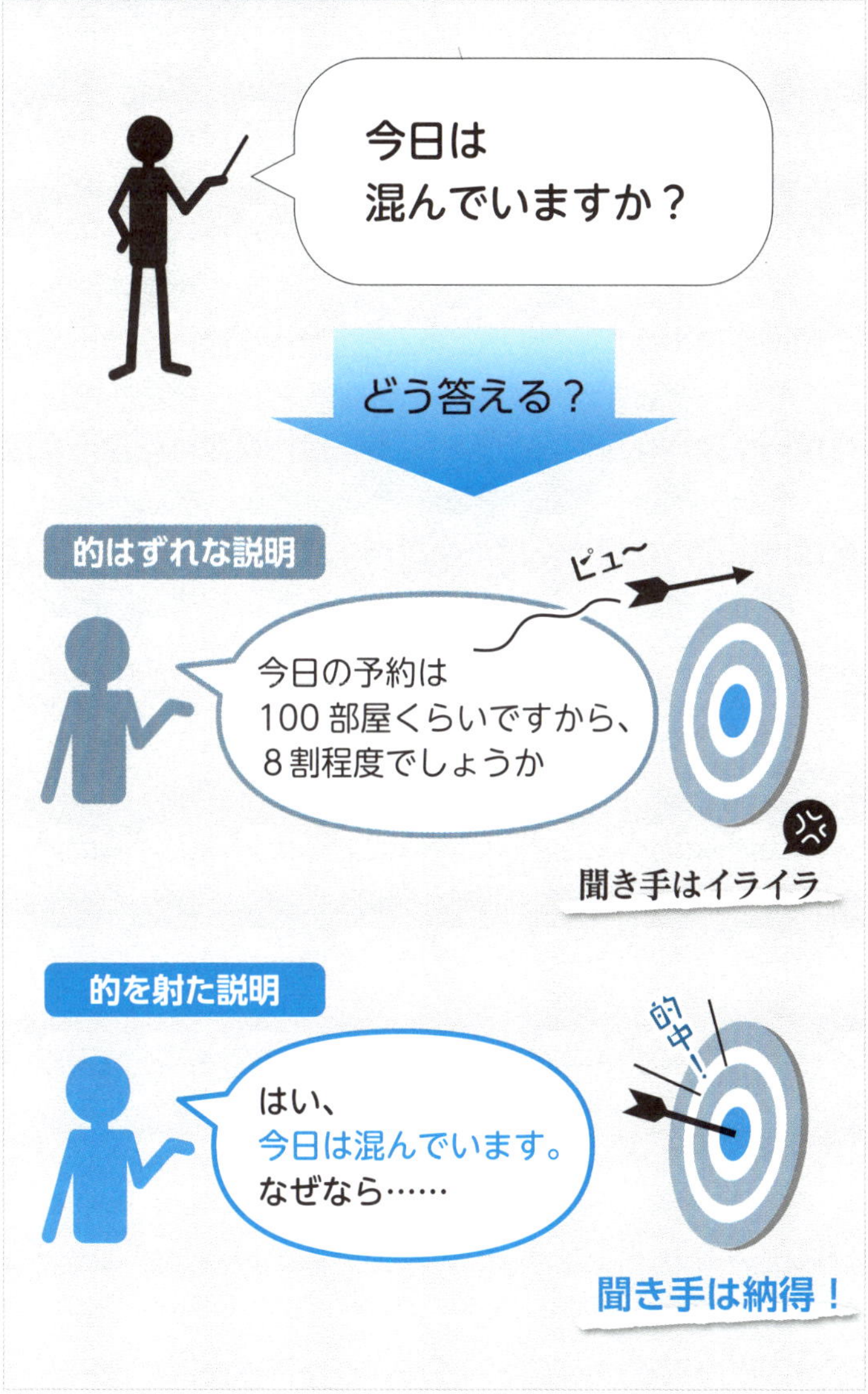
今日は
混んでいますか？
どう答える？
的はずれな説明
ピュ〜
今日の予約は
100部屋くらいですから、
8割程度でしょうか
聞き手はイライラ
的を射た説明
的中！
はい、
今日は混んでいます。
なぜなら……
聞き手は納得！

03

「ここまで、よろしいですか?」——呼吸を合わせるコツ

「話を聞こうという心の準備」ができていないときに、唐突に情報を提供されても、話の内容をなかなか理解できないものです。

ここでは、**相手に「心の準備」をしてもらうコツ**を紹介しましょう。コツさえマスターすれば、あなたの話を自然と「聞きたい」と思ってもらうことができるのです。

①話のテーマを伝える

それは**「今からこの話をしますよ」**と話の全体像を伝えることです。

たとえば、「展示会の件でご相談があるのですが、10分ほどお時間をいただけませんか?」といった表現——。

聞き手は**「これからどんな話をされるのか」というポイントを事前に把握していな**

頭のいい説明『テーマ』

いと、理解しづらいのです。

つまり、これを忘れて説明を始めてしまうと、あなたがせっかくいい話をしても、相手からはまったく興味を持ってもらえないということになるのです。

じつは、この「話のテーマを伝える」方法は、それほど難しいものではありません。ビジネスの現場で自然に身につけていて、無意識に実践している人は多いものです。

②聞き手と歩調を合わす

こちらは、ちょっと難しくなります。無意識で実践することはなかなかできませんので、つねに意識して行なう必要があります。

たとえば、大きな方針転換が必要なことを

説明する場合です。

「本社から急な予算削減の方針が出ました。これはわれわれの活動にたいへん大きな影響を与えるものです。あまりに急な話で、受け入れられない気持ちでいっぱいですが、経営状況が予想外に厳しく、対応せざるを得ません。できるだけ混乱のない形で活動の見直しをしたいので、皆さんの協力をお願いしたいと思います」

ここで、スタッフがその先の話を聞く気持ちになっていることを確認します。

「ここまで、よろしいですか？」

この一言が、まさに「聞き手と歩調を合わす」方法なのです。

そして、スタッフが「何をどう変更するのだろうか？」という気持ちになるのを感じ取ったところで、「それでは今から、変更後の計画をお知らせします」と具体的な対応策（話の趣旨）を話し始めるのです。

さらに、スタッフのこれまでの労力をねぎらいながら、新しい計画へのモチベーションを高めるような一言があれば、より行動を起こさせる説明になります。

頭のいい説明『歩調』

**「歩調」を合わせると、
「共感」が生まれる！**

聞き手と「歩調」を合わせるには？

**この一言で、
「先の話」が聞きたくなる！**

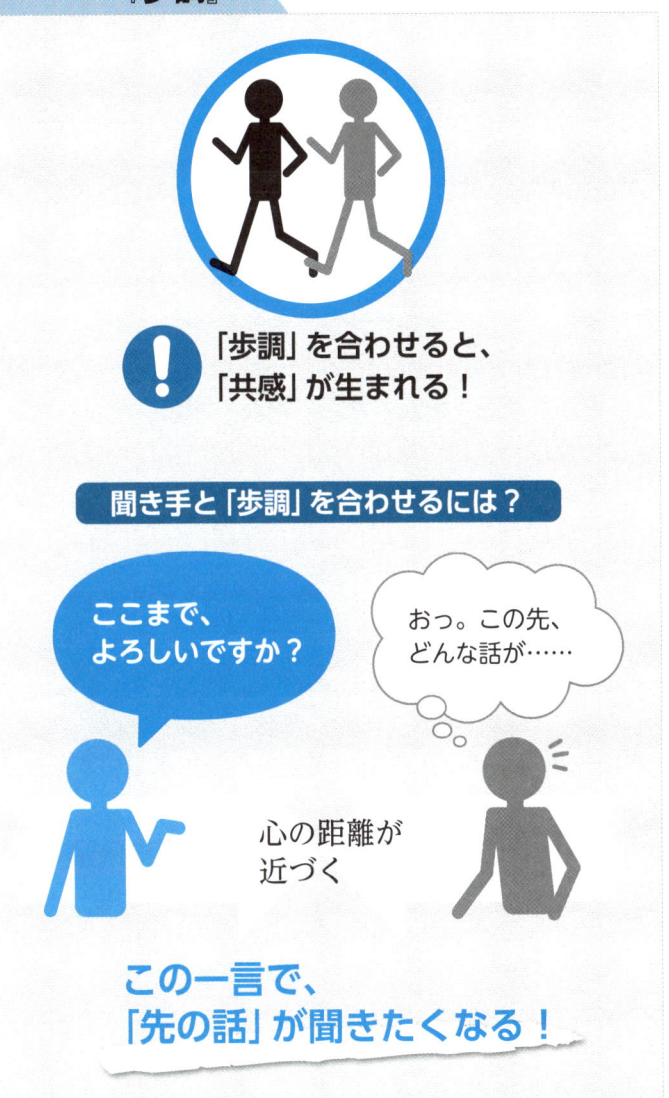

04
「部下の意見」は聞くな。「部下が見た事実」を聞け

他人から「意見」や「アドバイス」を求められることがあります。

あなたがいくら優秀な上司・先輩であっても、相手の説明が支離滅裂では、的確な意見、アドバイスを言うことなどできるはずもありません。

意見やアドバイスを提供する立場で、相手の説明を聞くときには**「事実として、何が起こったのか」**を聞く必要があります。

つまり、**「出来事」**です。

出来事とは、言い換えれば、**相手の主観ではなく、客観**です。相手が感じた「印象」や「推測」といったものと「出来事」を混同してはいけません。

たとえば、あなたの部下が別の部署に仕事の協力を得るために相談に行きました。

しばらくして戻ってきた後、あなたに次のように言ったとします。

頭のいい説明『要点』

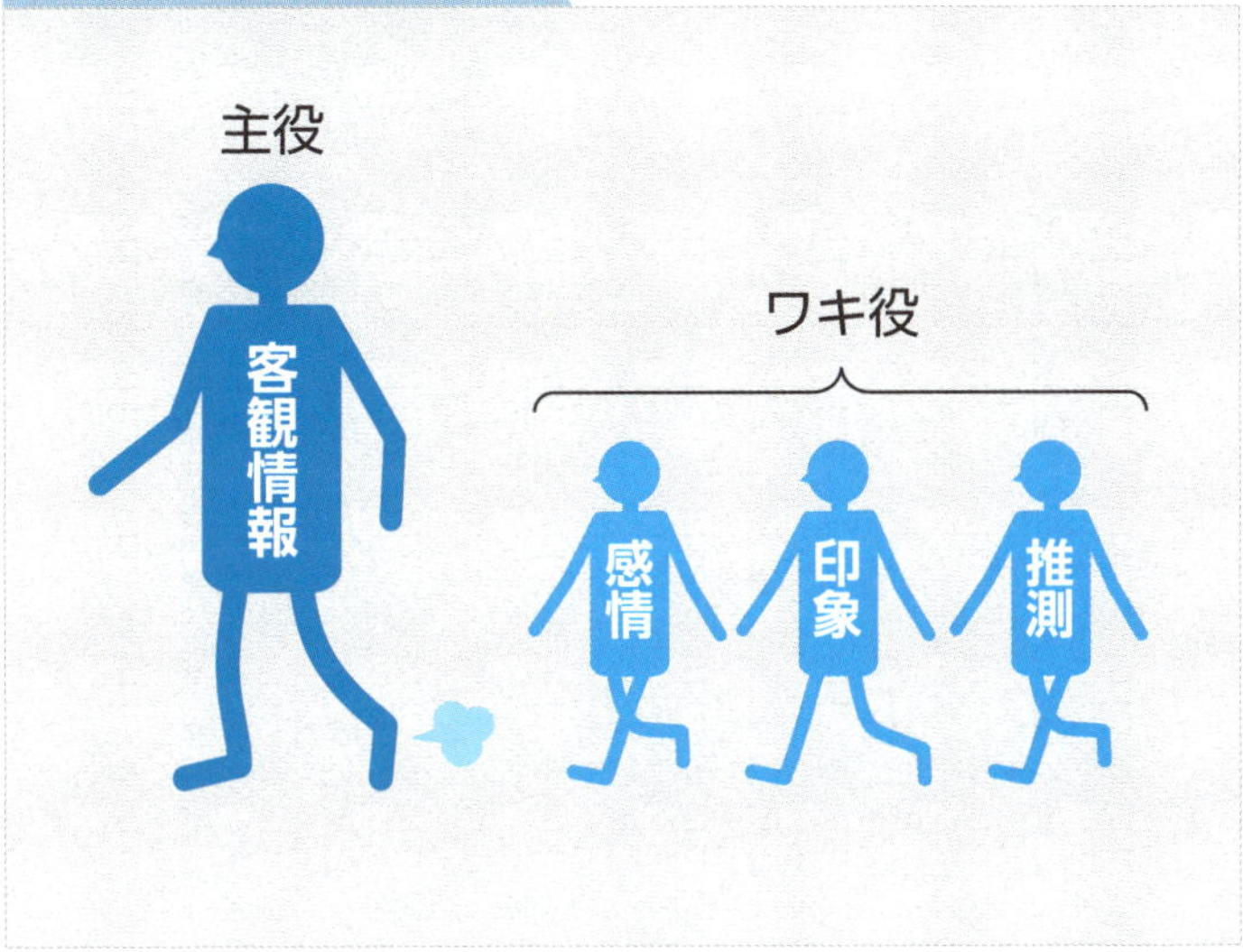

「本当に彼らは頭が固いですよ。こちらの話を聞こうともしないんです。せっかく時間をかけて作った資料をペラペラッとめくって、一言、『ちょっとこれは無理ですね』。バカにしていると思いません？」

これを聞いて、当然、あなたの頭に次のような疑問が浮かぶはずです。

①部下は相手に対して、何をどのように説明したのか？
②それに対して、相手は部下に正確に何と言ったのか？

相手が断ってきた本当の理由は、部下の説

明からはわかりません。

あなたが、これらを判断するには、**出来事の正確な把握**が必要です。客観情報がなければ、事態が正確に把握できず、的確なアドバイスができるはずもないのです。

仮に、同じケースで、部下が次のように説明してくれたら、どうでしょうか？

「先方の反応、イマイチでした。こちらのプランを話したところで、『ちょっと今すぐには無理だなあ』と言うのです。まったく頭が固いですよ」

先の部下と同様、感情的な説明の仕方ではありますが、相手の発言をある程度正確に伝えているため、客観情報がわかりやすくなっています。

このような説明であれば、あなたも「活動計画の変更は、いつなら対応できるか聞いたの？」と部下に質問できるわけです。そのようにして、仕事はどんどん深化されていきます。

つまり、アドバイスを受ける際には、説明の仕方ひとつで、「説明を受けた人＝上司」の反応に大きな差が出るということです。

頭のいい説明『事実』

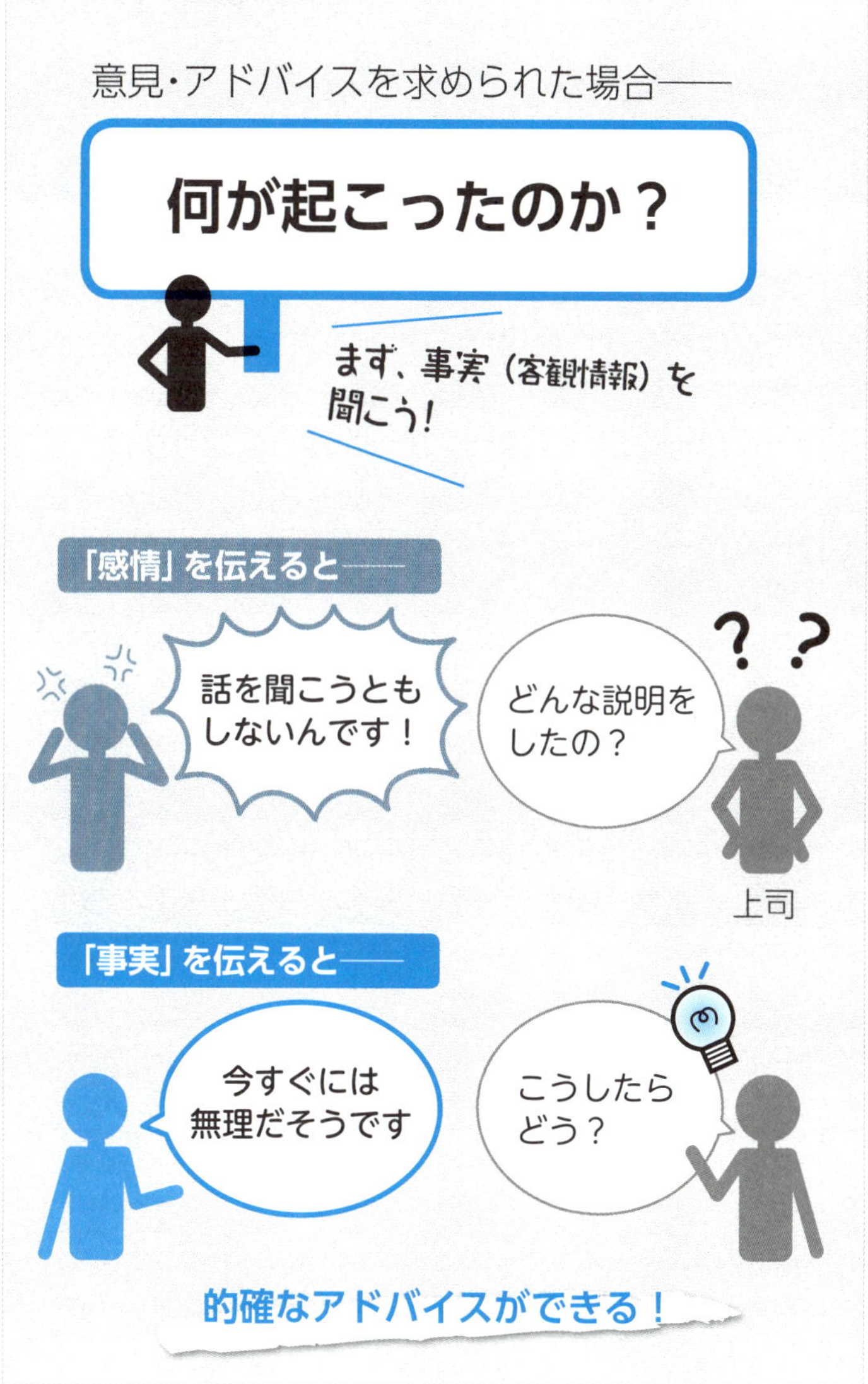
意見・アドバイスを求められた場合――
何が起こったのか？
まず、事実（客観情報）を聞こう！
「感情」を伝えると――
話を聞こうともしないんです！
どんな説明をしたの？
上司
「事実」を伝えると――
今すぐには無理だそうです
こうしたらどう？
的確なアドバイスができる！

05

「事実＋意見」が説得力の基本だ！

「頭のいい説明」の基本形を紹介しましょう。

①まず「客観情報」（出来事）を説明する。
②その「客観情報」に基づいて、あなたの「主観」（解釈）を説明する。

これだけです。
つまり、**「出来事＋解釈」**の説明で相手の反応は飛躍的によくなります。

あなたが見たり聞いたりした「出来事」を正確に伝えたら、その「出来事の解釈」、つまり、あなたの感想、意見を加えます。

頭のいい説明『説得力』

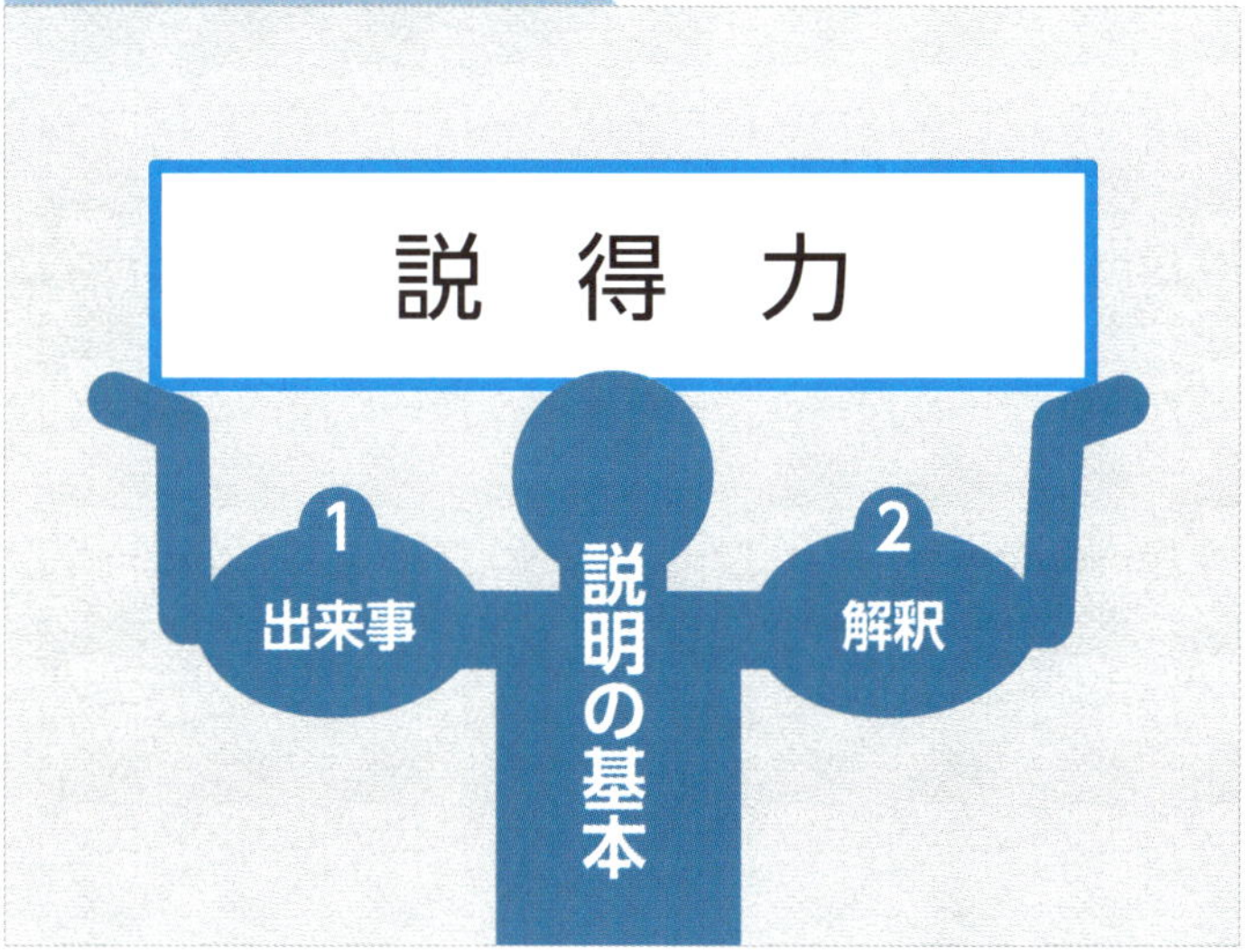

そうすれば、相手は単に出来事の説明を受けただけのとき以上に、あなたがなぜ、その出来事を説明したのか、その理由が明確になるわけです。

同じ出来事でも、解釈は人それぞれです。**説明とは、その事実を通じて、何か別のメッセージを伝えよう**としているものです。それを一言でも言語化してつけ加えておく——。それだけで聞き手も話が楽に聞けるようになります。

だからこそ、「出来事＋解釈」が、メッセージの意図を効果的に伝える基本セットになるのです。事実を伝えたうえで、お願いしたい内容を話せば、**説得力が増し、相手は行動を起こしやすくなる**のです。

06 人は「正論」では動かない。「お願い」で動く！

一生懸命に説明しているとき――
相手を動かそうとして話しているとき――
ついつい忘れてしまいそうなことがあります。何だと思いますか？

それは**「お願い」**です。

こんなことを言うと違和感を覚える人もいるかもしれません。ただ、忘れてはならないのは、**人間は「感情の動物」である**ということです。

あるビジネスマンは「いくら企画をまとめて上手に説明しても、社内でなかなか話頭のいい説明『一言』

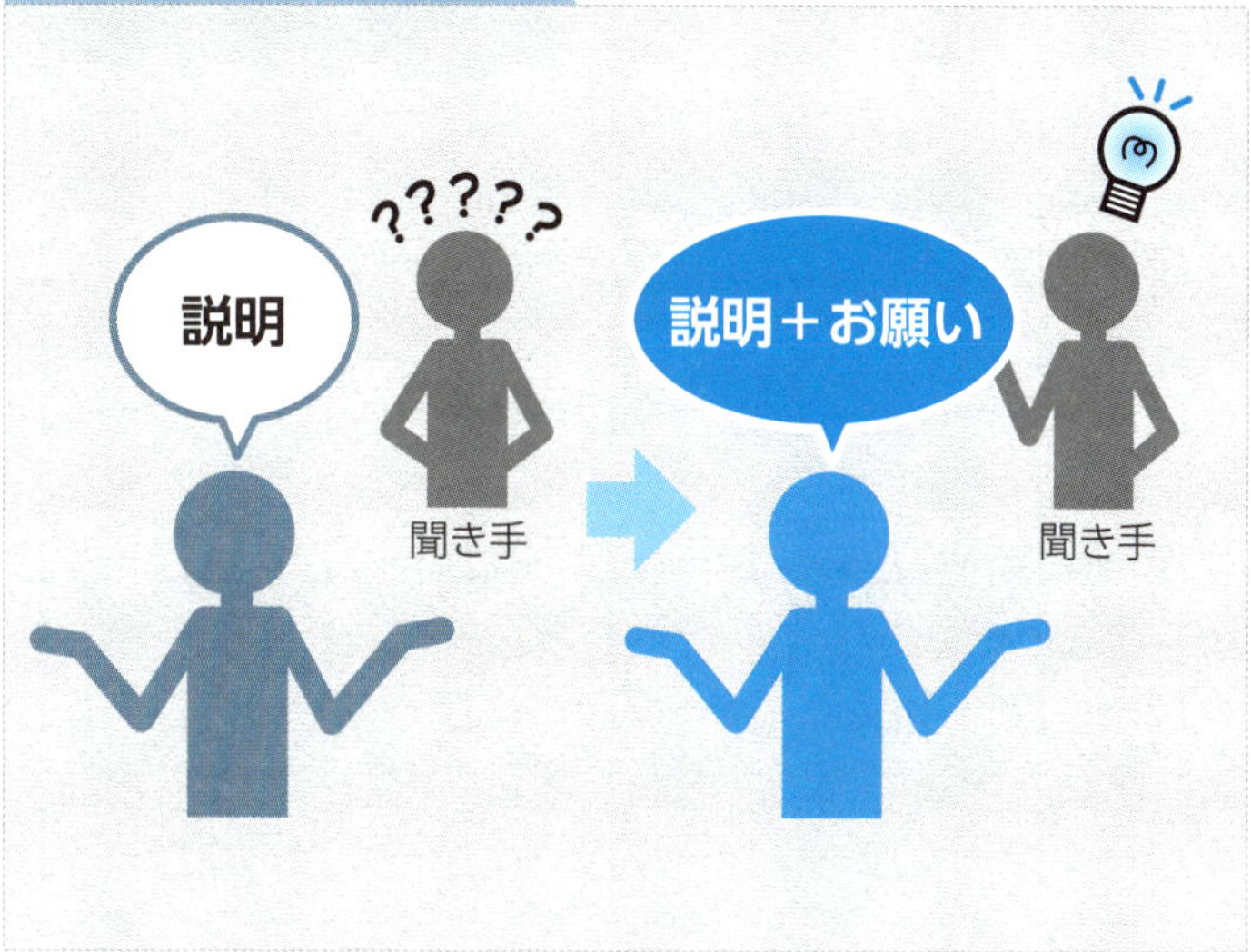

が進まない」と悩んでいました。

私は、「どんなふうに説明をされているのですか？　もしよかったら、実際にやってみてください」と言いました。

彼の説明は非常に雄弁でした。

市場の動向、自社のポジション、仕事に対する問題意識など、じつによく整理できていて、わかりやすいのです。

実際、彼によれば、「会社で説明した後、よく皆に『よくわかった、わかりやすかったよ』と言われる」と言っていました。

そして、続けて一言、

「でも、『よくわかった……』で、終わりになることが多いんですよ」

と。なぜでしょうか？

彼の説明が「正論」、つまり、「事実＋解釈」だけだからです。

「正論」だけで人が動くとは限りません。

話の聞き手は、話がよく理解できればできるほど、最後に聞きたくなることがあります。

「で、話を聞いた自分は、この後、何をすればいいの？」

私は彼に、こんなアドバイスをしました。

「『○○を**お願いします**』という言葉をつけて、話を終わるようにしてください」

聞き手は「自分はどうしたらいいのか」「相手が何を求めているのか」を確認したいのです。だからこそ、話の内容を伝えた後に「お願い」を忘れないようにする――。

「お願い」は非常に簡単なテクニックです。しかも、その効果は計り知れないものがあります。今日、さっそく試してみてはいかがですか？

頭のいい説明『お願い』

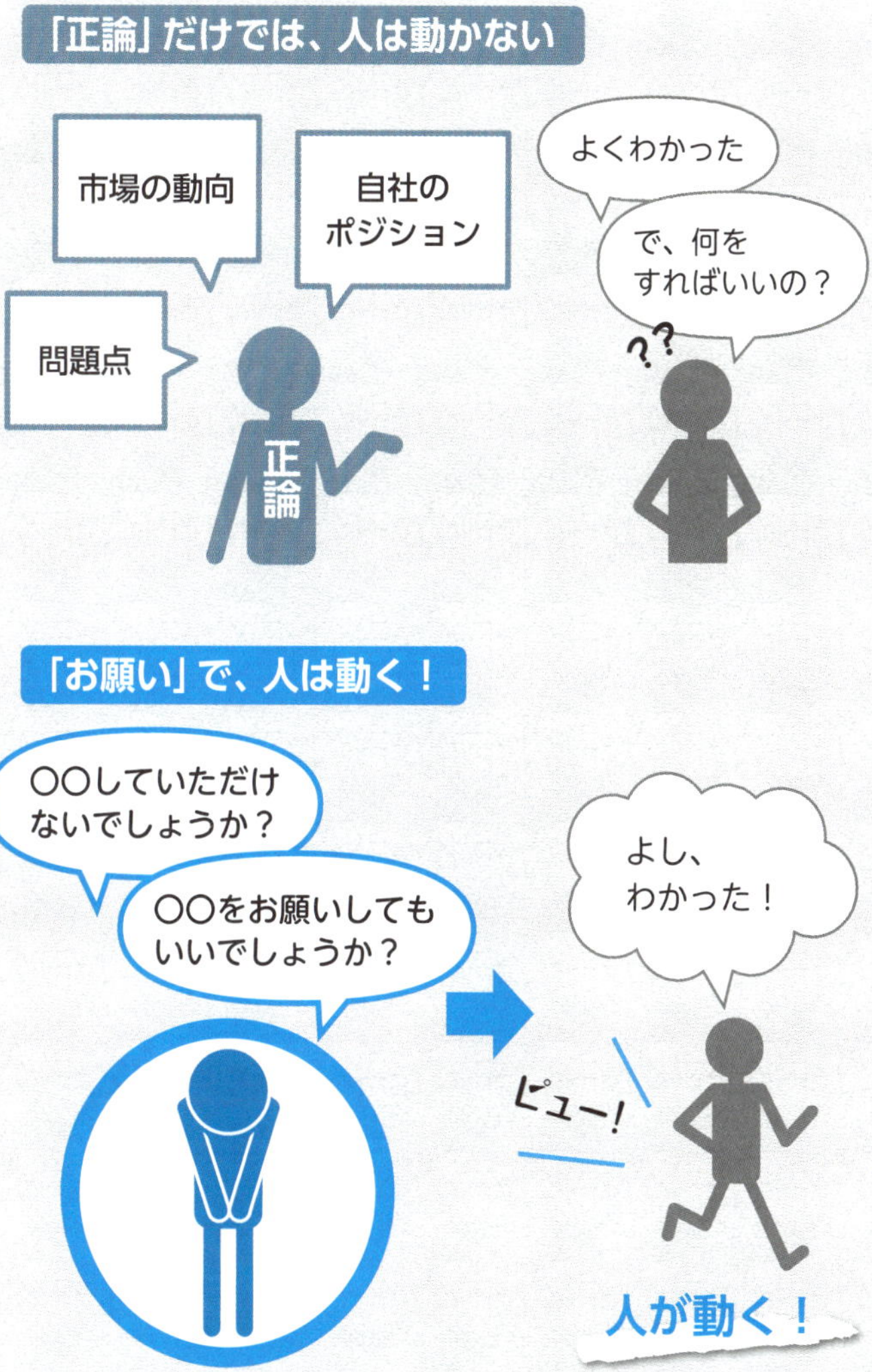
「正論」だけでは、人は動かない
市場の動向
自社の
ポジション
問題点
正論
よくわかった
で、何を
すればいいの？
??
「お願い」で、人は動く！
○○していただけ
ないでしょうか？
○○をお願いしても
いいでしょうか？
よし、
わかった！
ピュー！
人が動く！

07 「結論で始まり、結論で終わる」と、わかりやすい！

「結局、何を言いたいのか、よくわからない」
「話にまとまりがない」

このようなことを指摘されるということは、共通の問題点があります。
「話の結論」を相手に伝えられていないのです。
ここで具体例を挙げましょう。

「課長、新しい業務フローを導入して混乱が起きています。書類が以前の担当者のところに回っていたり、紛失したりしています。外部からの問い合わせにもうまく対応できておらず、クレームが増えてきました。業務フローを前に戻してほしいと言い出頭のいい説明『結論』

すスタッフもいます。もし、それができないなら、もう一度、一人ひとりに理解の徹底を図らねばならないと思います」

なぜ、説明がよくわからないかというと、いろいろなことを一度に話そうとするあまり、「結局、何を言いたいのか」という**結論を「お願い」の形にまで咀嚼《そしゃく》しきっていない**からです。

この人の言いたいこと（結論）は、大きく分けて3つあると考えられます。

①新しい業務フローの導入で混乱が起きており、自分ではうまく事態の収拾を図れそうにないので助けてほしい。

②業務フローを元に戻すことはできないか相談したい。
③一人ひとりに新しい業務フローについて理解を徹底する方法を相談したい。

同じ出来事でも、**結論は「その人、そのとき」によって異なります**。聞き手側は、話し手の結論を中心軸にして、出来事を理解しようと話を聞きます。つまり、結論が理解できなければ、出来事などの情報も頭の中で整理できないのです。

話をする前に、**結論を1つに絞る**――。

これが説明力を格段に向上させるコツなのです。結局、人間というのは、**短い時間で多くのことを一気に理解することができない**からです。**「1つの話に結論は1つ」**が話をグンとわかりやすくします。長い説明でも、結論を一つひとつに分解してから、最終的な結論に絞り込めば、聞き手にとてもわかりやすくなります。

そのことを意識するだけで、伝わり方がまるで違ってきます。

頭のいい説明『絞る』

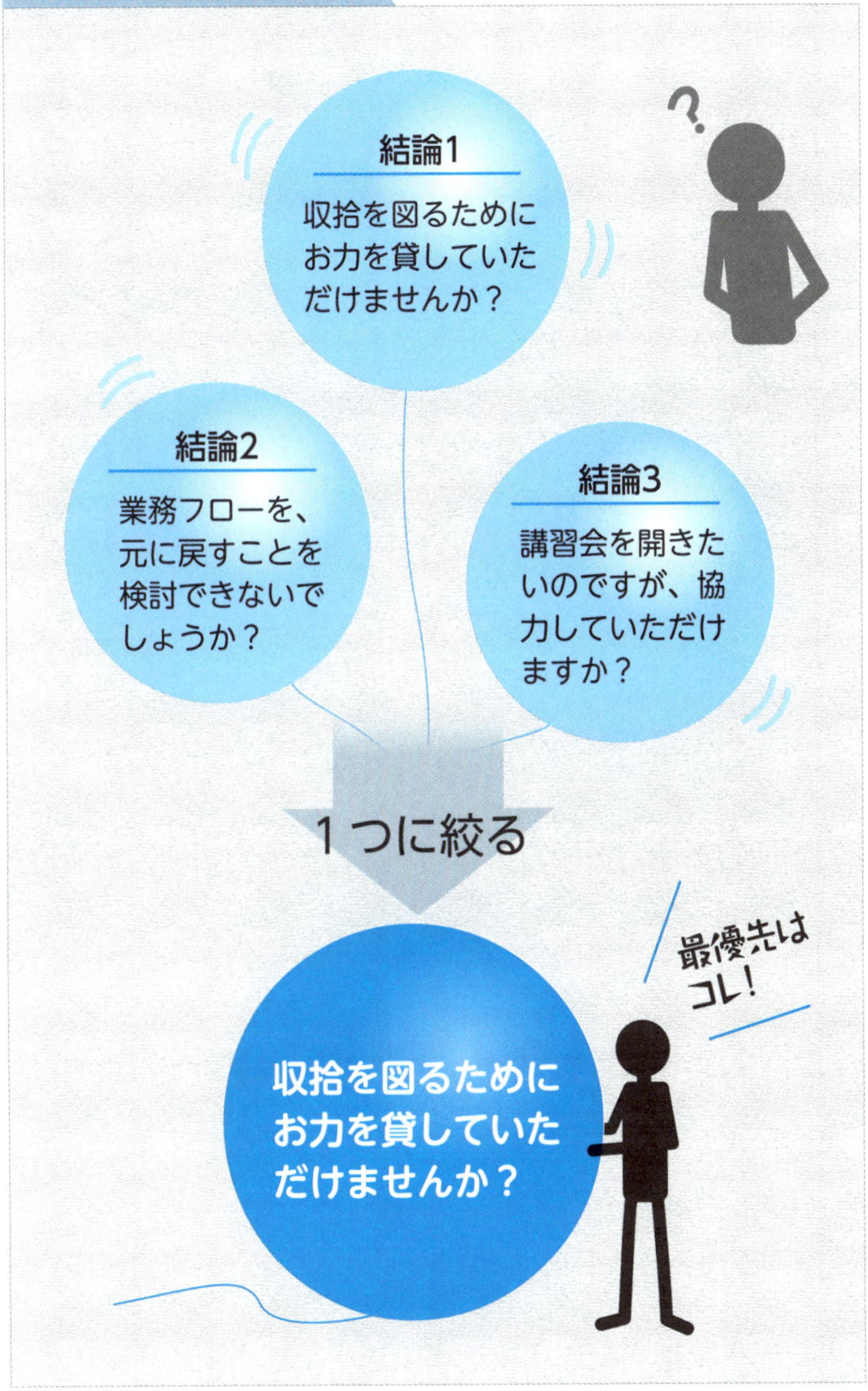
結論1
収拾を図るために
お力を貸していた
だけませんか？
結論2
業務フローを、
元に戻すことを
検討できないで
しょうか？
結論3
講習会を開きた
いのですが、協
力していただけ
ますか？
1つに絞る
最優先は
コレ！
収拾を図るために
お力を貸していた
だけませんか？

08

会議で「想定外」の説明を突然求められた場合

ビジネスではよく、「結論」を先に言うように指導されます。ビジネス文書やメールは大切なポイントが前に来ます。新聞記事も5W1Hが何より先にまとめられています。説明される側にとっても、そのほうが早く話を理解できます。

ところが、ときにこれがうまく機能しないことがあります。

「想定外」の質問に、明確な結論を持たずに話し始める場合です。

もちろん、事実を確認し、結論を決めてから話すのが基本ではありますが、ビジネスの現場では、その時間的な余裕がないという状況も少なくありません。

会議の場で、いきなり状況説明を求められたり、急に意見やアイデアを求められた頭のいい説明『機転』

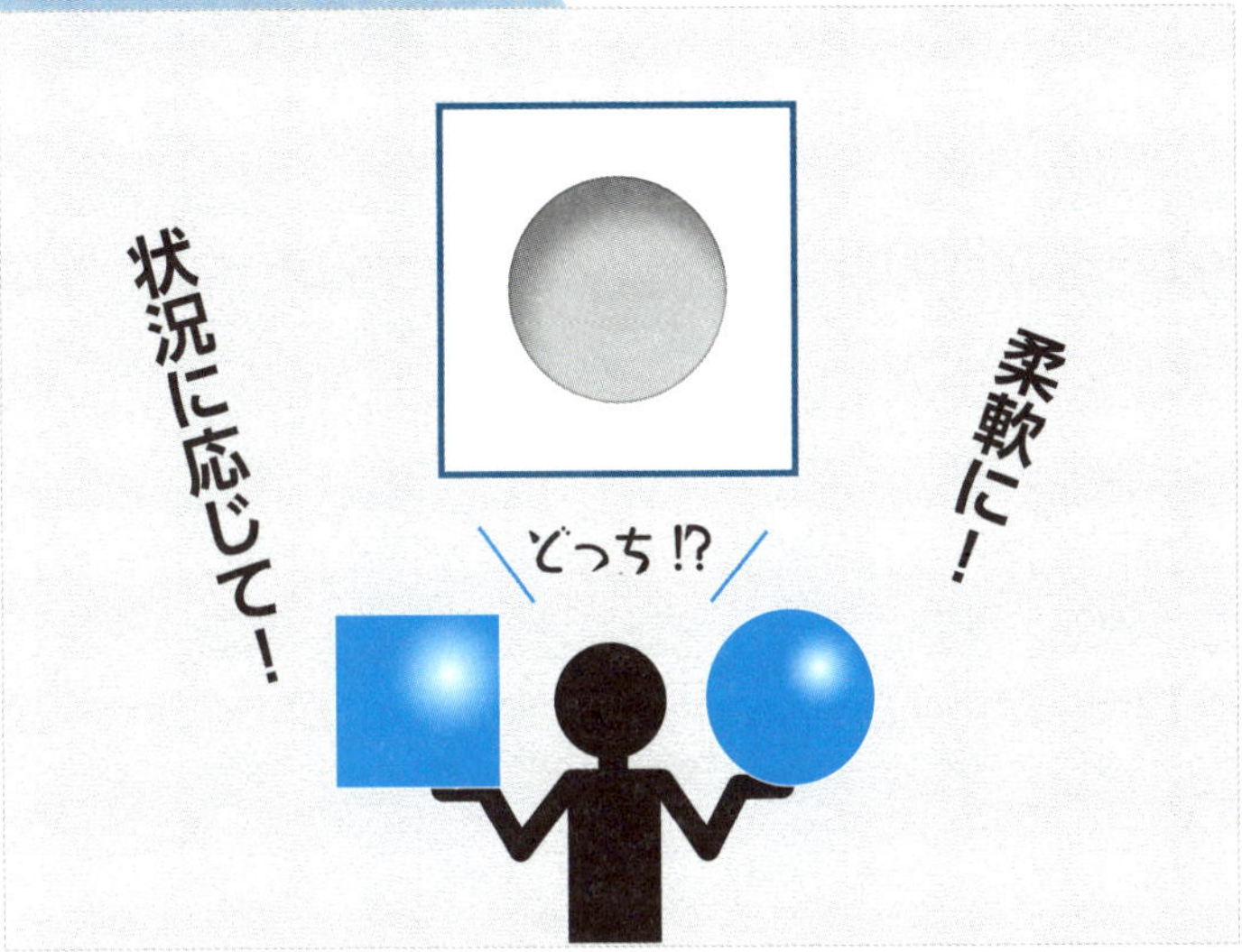

りすることがあります。

こんな場合の説明には原則があります。

それはまず、**ムリに結論から始めようとしない**ことです。

そして、**重要だと思われる「ポイント」から先に挙げる**ようにする――。

つまり、「よく知っていること（前提・具体例）を説明しながら、よくわからないこと（結論）を見つける方法」と言っていいでしょう。「説明を聞く人間と一緒に考える方法」とも言えるかもしれません。

たとえば、ある会議であなたは、

「最近の若者は、どんなふうにスマホを使っているのかね？」

という唐突な質問をされたとします。

まったく想定外の質問で、あなたもすぐにわかりやすく説明できるほど豊富な情報を持っていないとします。

あなたが指名されたのは、その会議のメンバーでたまたま、あなたが一番若く、「スマホにくわしそうに見える」という理由のような場合です。

そんなときに、あなたなら、どのように説明するでしょうか？

①結論から入るわけではないことを簡潔に伝える。
②自分が持っている具体例を挙げる。
③それぞれの具体的な場面を思い浮かべるなどして共通点を考える。

この流れで話を進めれば、少なくともそのときに自分が持っている情報、思いついた情報を、最も相手にわかりやすい形で提示することができます。

頭のいい説明『想定外』

最近の若者は、どんなふうにスマホを使っているのかね？

どう説明する!?

1 「結論はまだ出ていないこと」を伝える

一言では答えられませんが

いくつか気になったことがあります。

2 「具体例」を挙げる

まずは

数年前にくらべ、スマホを持つ人が増えています。

次に

スマホと一緒にiPadなどを持ち歩く人も多いことです。

3 「共通点に結論」を見つける

共通するのは

スマホの機能が進化する一方で、ユーザーは意外にシンプルに、用途に分けて使っていると言えそうです。

09

「大事なことが3つあります」——冒頭で大事なことを言う

「結論を1つに絞るのはムリだ」と言う人がいます。

「伝えることがたくさんあるから、結論を1つに絞るのは難しい」というわけです。

安心してください。難しくありません。

繰り返しになりますが、説明の目的は、基本的に「お願い」。ですから、話をする前に、相手に何をお願いするかを決めさえすればよいのです。

まずは、話をする相手に**「何をお願いするか」**、**あるいは、その「お願いの理由」が結論になる**わけです。

ただ、例外もあります。具体的には、**お願いしたいことがたくさんある場合**です。

このような場合、ちょっとしたコツがあります。

いくつ「お願い」したいことがあるかを先に言うのです。

頭のいい説明『数字』

「お願い」の数がわかっていると、相手も話を聞きやすいものです。結論も自然と頭に入ります。

そのようにして、話の全体像を相手に理解してもらってから、１つずつ具体的なお願いに進むようにします。

たとえば、38ページで、３つの結論（お願い）がある話を例に挙げました。繰り返しますと、その３つとは、次のようなものです。

①新しい業務フローの導入で混乱が起きており、自分ではうまく事態の収拾を図れそうにないので助けてほしい。

②業務フローを元に戻すことはできないか相談したい。
③一人ひとりに新しい業務フローについて理解を徹底する方法を相談したい。

これに、先ほどのコツを使ってみると、どうでしょう？

「新しい業務フローに関して、3つほど聞いていただきたい話があります」

と、冒頭に加えれば、それだけで話が引き締まります。もう「何を言いたいのか、よくわからない」とは言われないはずです。また、

「これからこんな話をします」
「用件は3つあります」

といったテクニックは、24ページで述べた**相手に「心の準備」をしてもらうコツ**ということにもつながっているのです。

頭のいい説明『流れ』

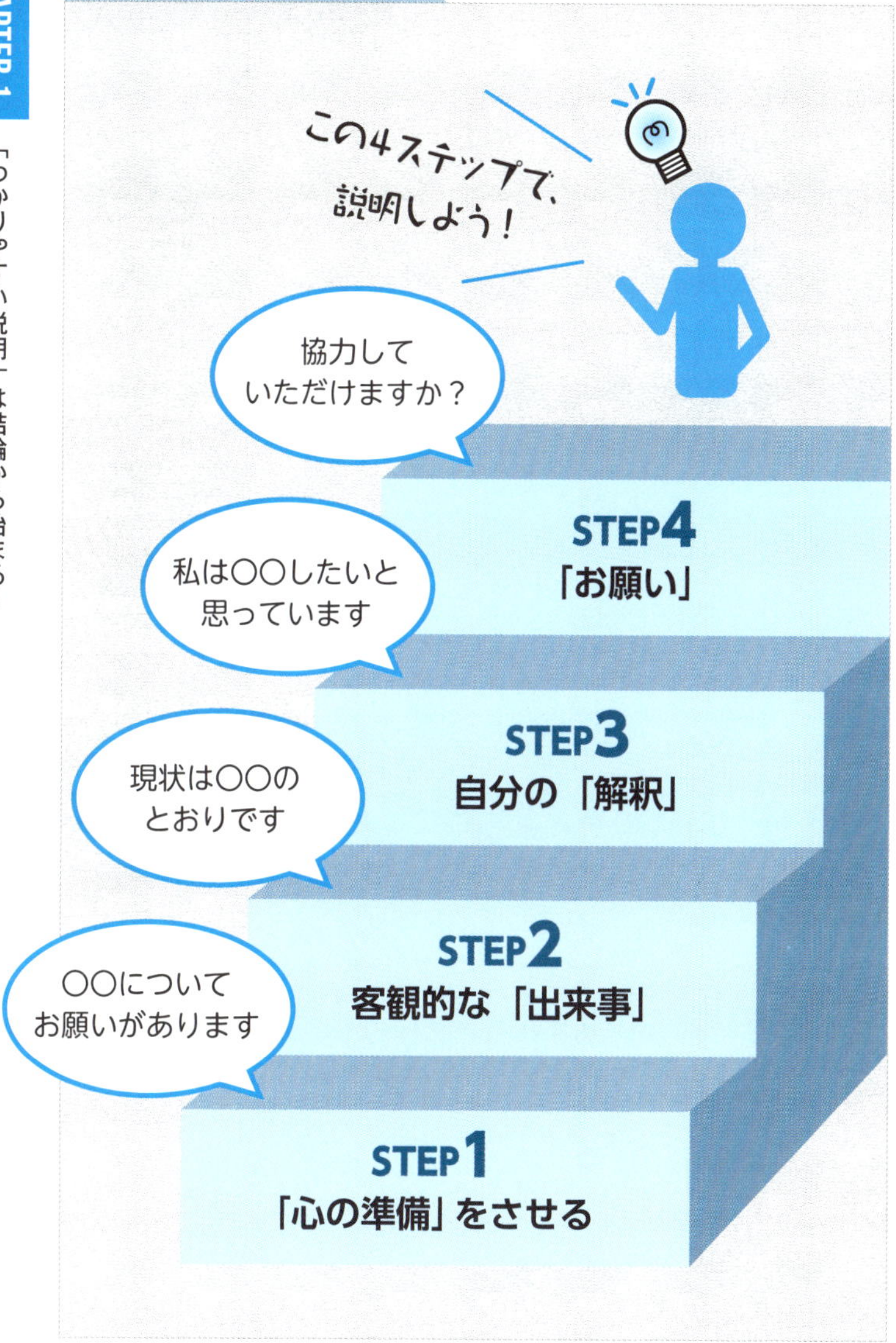
この4ステップで、説明しよう！
協力していただけますか？
STEP4
「お願い」
私は〇〇したいと思っています
STEP3
自分の「解釈」
現状は〇〇のとおりです
STEP2
客観的な「出来事」
〇〇についてお願いがあります
STEP1
「心の準備」をさせる

10

「売上を1・5倍にする」説明とは？

「結論」というものは、その「前提条件」で大きく変わります。

たとえば、「売上を1・5倍にする施策を考えてほしい」と上司に言われたような場合――。

売上を1・5倍にするといっても、「期間」を前提条件とすれば、1年間で達成すればいいのか、3年間で達成すればいいのかによって、あなたの結論はまるで違ってくるはずです。

あるいは、「既存商品の売上を伸ばすのか、新製品を投入していくのか」によっても、また、「活動予算」や「スタッフの数」などによっても、やり方は違うでしょう。

何を前提とするのか、何を優先するのかを決めなければ、結論は出せないのです。

しかも実際の仕事では、前提条件がしっかり決まった状態で話ができることは意外頭のいい説明『前提』

GOAL
結論A
GOAL
結論B
前提
前提条件で
結論は変わる！

と少ないものです。

これが、結論をはじめに伝えられない2番目のケース——**結論に至る前に、確認が必要な前提条件がある場合**——です。

前提を確認するうえで大切なのは、**自分の判断で前提と考えられる条件を提示する**こと。

前提条件がハッキリ提示されている場合は、その条件で最適な答えと考えられるものを伝えることになります。

このとき、気をつけておきたいことがあります。

この場合、あくまで自分だけでは決められないから確認するわけで、誰が考えても同じ答えになるものは確認する必要がありません。

この例で言えば、「期間は短ければ短いほうがいいですよね」とか「売上アップにつなげる活動費は少ないほうがいいですか」といった確認するまでもない前提は、相手に判断を求めない、ということです。

前提条件の提示は、相手にとって重要な要素を含んでいます。

あなたが結論を出すために、どんな要点を踏まえているのかが明らかになるからです。前提条件を聞けば、その人の価値観や判断力、さらにはセンスなどがわかります。

さて、前提条件を確認したうえで、結論を伝えるときのコツは次の2つです。

1つは、**今ある構造自体を変えてみる方法**。

たとえば、現状のビジネスがほとんど直販で成立していると判断したら「販売代理店を使ったほうが売上が伸びる」というシナリオにする。あるいは、豊富な品揃えで事業が回っていると判断したら「販促活動を特定商品のみに注力する」――。

いずれにしても、売上1・5倍という野心的な目標を掲げるときの具体的なアプローチは、現状の延長線上にはありません。今までやってこなかったことをするしかないのです。

頭のいい説明『提示』

前提条件しだいで結論は大きく変わる!

前提をどう確認する?

売上を1・5倍にする施策を考えてみました。

指示をいただいたときに、とくに期間や予算や活動内容などについて、前提条件の話はありませんでした。

ただ、原油高の影響もあり、材料費の高騰で当社の利益が圧迫されていることを踏まえ、**早急に対策を講じなければならない状況**だと考えています。

まず、そういう理解でよろしいでしょうか?

前提と考えられる条件を確認!

自分なりの前提をすぐに考えるのは容易なことではありませんが、急にアイデアを求められたときのために、ある程度慣れている考え方のフレームワークで結論を出せるようにしておきたいものです。

もう1つは、少し逆説的ですが、前提条件から結論を出すのではなく、**結論を決めてから、それに合った前提条件を提示する方法**。

日ごろから問題意識を持っているテーマについては、おそらく自分なりの結論がすでにあることも多いと思います。そんなときに使える方法です。

CHAPTER 2

頭がいい人は例外なく「説明が短い！」

01 「長い説明を短くする」と中味がグンと濃くなる！

情報の量を増やせば増やすほど、わかりやすくなる――。

「説明がへたな人」に限って、そんなふうに考えてしまうようです。

ビジネスシーンでは、**情報の量を増やせば増やすほど、混乱を招くことが多い**もの。説明を聞けば聞くほど、何を言いたいのかがわからなくなり、次第に話の趣旨とは違ったところに興味が向かい、ついには勝手な妄想を始めてしまったりするのです。

そこで有効なのが「メディア・トレーニング」――新聞やテレビなど、マスメディアの取材を受けることが多い企業の経営者や広報担当者が受講する研修のことです。

このトレーニングでは、メッセージの伝達効率――**「伝えたいメッセージを確実に伝える」**技術――を高めるための、さまざまなコツを学びます。

簡単に言えば、「わかりやすい表現」「相手に誤解を与えない表現」の、基本から応頭のいい説明『要約』

用までを細かく学ぶのです。

このメディア・トレーニングで繰り返し強調されることがあります。

「長く話さない」ということです。

つまり、余計なことは話さない。話はできるだけ短くする——。

なぜならば、話は短いほうが、聞き手にはよくわかるからです。一つひとつの言葉の意味を咀嚼しやすくなるからです。

この章では、話を簡潔にまとめ、しかも「よく伝わる」伝え方について、具体的な方法を紹介していくことにしましょう。

02
「背景情報＝いらない情報」の見分け方

話が長い人はなぜ、「説明がへた」なのか——。

明快です。

話が長くなると、「必要な情報」と「不必要な情報」がゴチャゴチャになるからです。だから、何を言いたいのか相手に伝わらないのです。

ここにこそ「頭のいい説明」の鉄則があります。

説明というのは、「不必要な情報」をカットするだけで格段にスッキリし、「頭のいい説明」になるのです。

では、「不必要な情報」とは何でしょうか？

頭のいい説明『情報量』

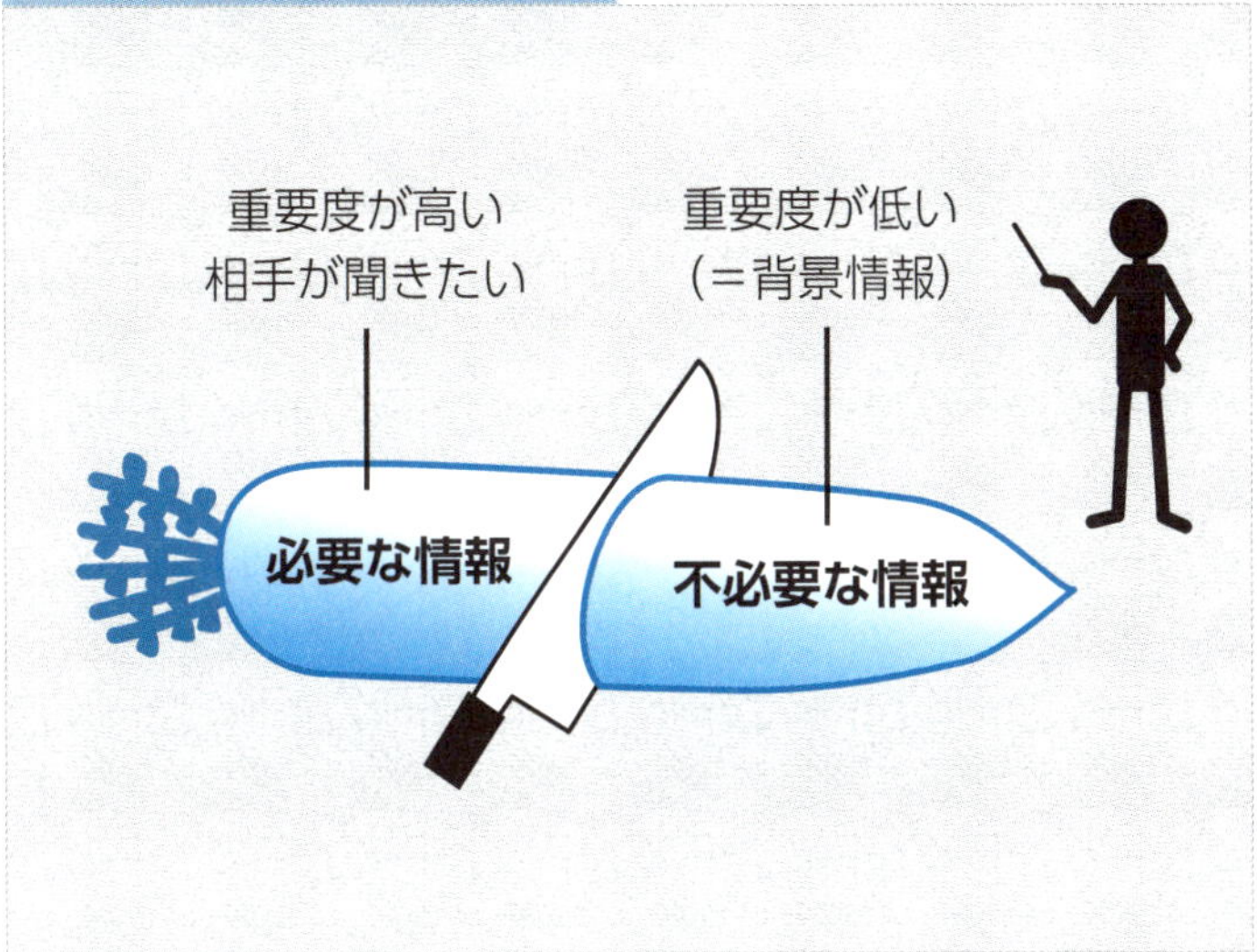

それは、聞き手にとって「重要度の低い情報」のことです。

聞き手にとって聞きやすい「話の流れ」を考えた際、後回しにされる情報を言います。

これを「背景情報」と言います。

背景情報は後回しし、できればカットする。

それだけで話はわかりやすくなります。

ムダに話が長い人が、あなたの身近にもいないでしょうか？

そのような報告・説明は、聞いていて、とても疲れます。「必要な情報」と「不必要な情報」がゴチャゴチャになっているので、何とも言えない「間のび」感があるのです。

そこで、**重要度の「高い情報」と「低い情報」を整理する**と、ガラリと変わります。重要度の「高い情報」とは、まさに**聞き手が「聞きたい」と思っている情報**のことです。

では、重要度の「高い情報」と「低い情報」を区別するには、どうすればいいのでしょうか？

簡単です。

「そのときに自分が思いついた順番」ではなく、**「相手が聞きたいと思う順番」で話せばいい**のです。

具体例で見ていくことにしましょう。

たとえば、ＩＴ企業のマーケティング系部署で、業界動向をチェックするために展示会に参加した人がいるとします。翌日、その展示会の様子を簡単に上司に報告することになりました。

こんな場面で、「話が長い人」は、左の図のように話します。

さあ、あなたは、重要度の「高い情報」と「低い情報」を整理できますか？

頭のいい説明『整理』

こんなに長い説明も——

昨日、幕張メッセで開かれたITフェアに参加してきましたので、そのときの様子を報告します。ITフェアは今年で15回目の開催で、全体の**テーマは「さらにつながる世界」**でした。これが会場入り口の写真です（と、パワーポイントで貼りつけた写真を見せる）。3日間開催されていて、私は2日目に行ってきました。

　展示会全体は、モバイル、ネットワーク、ビジネスソリューションの3つに分かれていて、**モバイルのセクションに人が一番多かった**ように思います。場内の様子は、こんな感じです（と、また写真を見せる）。

　私が目新しさを感じたのは、XX社の新製品で、これなんですが（製品の写真を見せる）、**業界最小・最軽量で、初公開**ということもあり、大勢の人がこのブースには集まっていました。実際に手に持った感じは**「見た目より重いな」**と。でも、**「表面の加工とか質感はいいなあ」**と思いましたね。

　あ、そういえば、今年は**YY社のブースが大きく**て、逆に**ZZ社のブースが小さかった**です。YY社の知り合いが会場にいたので聞いてみたら……

聞き手が
「聞きたい情報」
？ ？ ？
聞き手
太字部分だけ伝えると
よくわかる！
ココだけで
いい！

03 他社の動向・顧客の関心……「相手が聞きたい情報」から話す

聞き手が「何を聞きたいと思っているか」を考える――。

それが情報の重要度を区別するはじめの第一歩です。

そのようにして、重要度の「高い情報」と「低い情報」を分けたら、思いきって、重要度の低い背景情報をカットします。

さらに**「話の流れ」を整理し、重要度の高い部分を少し「補足」**します。

それだけで、前項の説明は見違えるほどよくなります。

「昨日、幕張メッセで開かれたＩＴフェアに参加してきましたので、そのときの様子を報告します。ＩＴフェアの今年のテーマは「さらにつながる世界」。展示でも、今まで「つながる」ことのなかった機器同士がネットワーク接続されて新しい使い方を提案するものが実際に増えていると感じました。これは業界のひとつのトレンドかもしれません。YY社などがそのよい例で、今年はブースが大きくなっていました。逆に、「つながる」製品の少ないZZ社のブースは小さくなっていました。

展示会全体では新製品発表が多かったモバイルのセクションに人が一番多く（写真を見せる）、とりわけ大勢の人が集まっていたのはXX社の新製品のコーナーです（製品の写真を見せる）。業界最小・最軽量で、実際に手に持つと見た目より重い印象でしたが、表面の加工や質感の完成度は高くてわれわれの強力なライバルになりそうです」（傍線部を補足）

説得力がグンと増したはずです。

部下からこのように報告してもらえると、かなり簡潔にまとめられている印象を受けるものです。聞いていてストレスを感じることもなく、聞き終わったときに一つひとつ質問しなくても基本的な情報は得られているので、やり取りも短くてすみます。

そのためにはまず、「聞き手にとって重要度が高い・低い」という観点から情報を分ける。そのうえで、重要度の低い背景情報をカットすることです。

04 「短い文章＋短い文章」が一番聞きやすい！

「サウンド・バイト」という説明テクニックがあります。

ここでは、そのテクニックを紹介しましょう。

以前、『プロジェクトX』というテレビの人気番組がありました。

その人気の一因は、特徴的なナレーションにあったと思います。『プロジェクトX』のナレーションは、見事なまでに**短文の連続**で構成されていたのです。

「そのとき、彼は大声をあげた。そこにあるはずの書類が消えていたのだ。さらにそのとき彼のケータイが鳴った。電話の相手は社長だった……」といった具合です。

テレビ番組は、ニュース番組をはじめとして、こういった短い文章の組み合わせで構成されることがよくあります。何より**聞き手にわかりやすい、記憶にも残りやすい**ためです。これを「サウンド・バイト」と言います。

頭のいい説明『長さ』

短い文章を
繰り返す！
記憶に残る
わかりやすい
よく伝わる

今でも語られる「感動した！」に代表される小泉純一郎元首相のワンフレーズの数々も、この短い言葉を繰り返し使う「サウンド・バイト」を活用したものでした。

普通であれば、「優勝おめでとう。つらいけがの中、横綱の頑張る姿にとても感動しました」と言うのが無難なところ。

しかし観客は、横綱が「優勝した」ことも、「けががつらい」ことも、「頑張った」こともすべて知っていました。そういう状態を踏まえ、「感動した！」という短い言葉を使ったことで今なお人々の記憶に残っているのです。

「サウンド・バイト」は、短い言葉でありながらも、**その人のメッセージや雰囲気、イメージなどを端的に伝えることができる**表現方法なのです。

では、短い言葉がなぜ、「伝える」ことに優れているのでしょうか？

それは、**文章を短くしようとすればするほど、話し手は「厳密に言葉を選ぶ」**ようになるからです。伝えたいことを正しく伝えるために、最も適した言葉を使おうと努力するからです。その結果、聞き手にわかりやすい言葉が自然に選ばれるわけです。

また、長い文章は、聞いているほうも話しているほうも、何を話しているか途中でわからなくなりがちです。文章はできるだけ短文にするほうが、今、何の話をされているのかをお互いに理解しやすいと言えます。


話の一つひとつを短い文章で構成する——。

そのためには、何よりも**「伝わりやすい話の構成」を身につける**ことです。それが本書全体の目的でもあるのですが、伝わりやすい話の構成は、ムダのない、つまり、それ自体が**簡潔な表現**で形成されています。

ここではまず、**「もっと短い文で、簡潔に表現できないか」という視点**を持っていただければと思います。

頭のいい説明『短文』

わかりやすいのはどっち!?

部内会議の議事録作成担当である、総務課の吉田さんが急病でお休みのため、今日提出期限の、先週の木曜日に行なわれた部内会議の議事録を、誰かが代わりに作成しなければなりません。

総務課の吉田さんが急病でお休みです。
吉田さんは、部内会議の議事録作成担当ですが、
先週の木曜日に行なわれた会議の議事録は
まだ作成されていません。
その議事録は今日が提出期限のため、
誰かが代わりに作成する必要があります。

一文が長い
わかりにくい
記憶に残らない
ムダがない
わかりやすい
記憶に残りやすい

05 エレベーター・ピッチ――「1分間で上手に説明する」法

「エレベーター・ピッチ」という言葉をご存じでしょうか？

この言葉は「忙しいキーパーソンを相手にする場合、エレベーターに乗っている間、時間にして**わずか数十秒程度で自分の提案を伝える**」といった意味で使われています。

このとき、「説明する人間＝話し手」と「説明を聞く人間＝聞き手」の間には、とても大きなギャップがあることに注意しなければなりません。

というのも、説明する人間は、無意識のうちに、**しっかりと相手に内容を理解してもらう**ことを優先するため、「より多くの言葉で、より時間をかけて、より丁寧に伝えよう」とします。もちろん、これ自体は何も悪いことではありません。

一方、**説明を聞く人間は、簡潔にまとまった話を聞きたい**と思っています。つまり、「より少ない言葉で、より時間をかけずに、より丁寧に聞こう」と思うものなのです。

頭のいい説明『ギャップ』

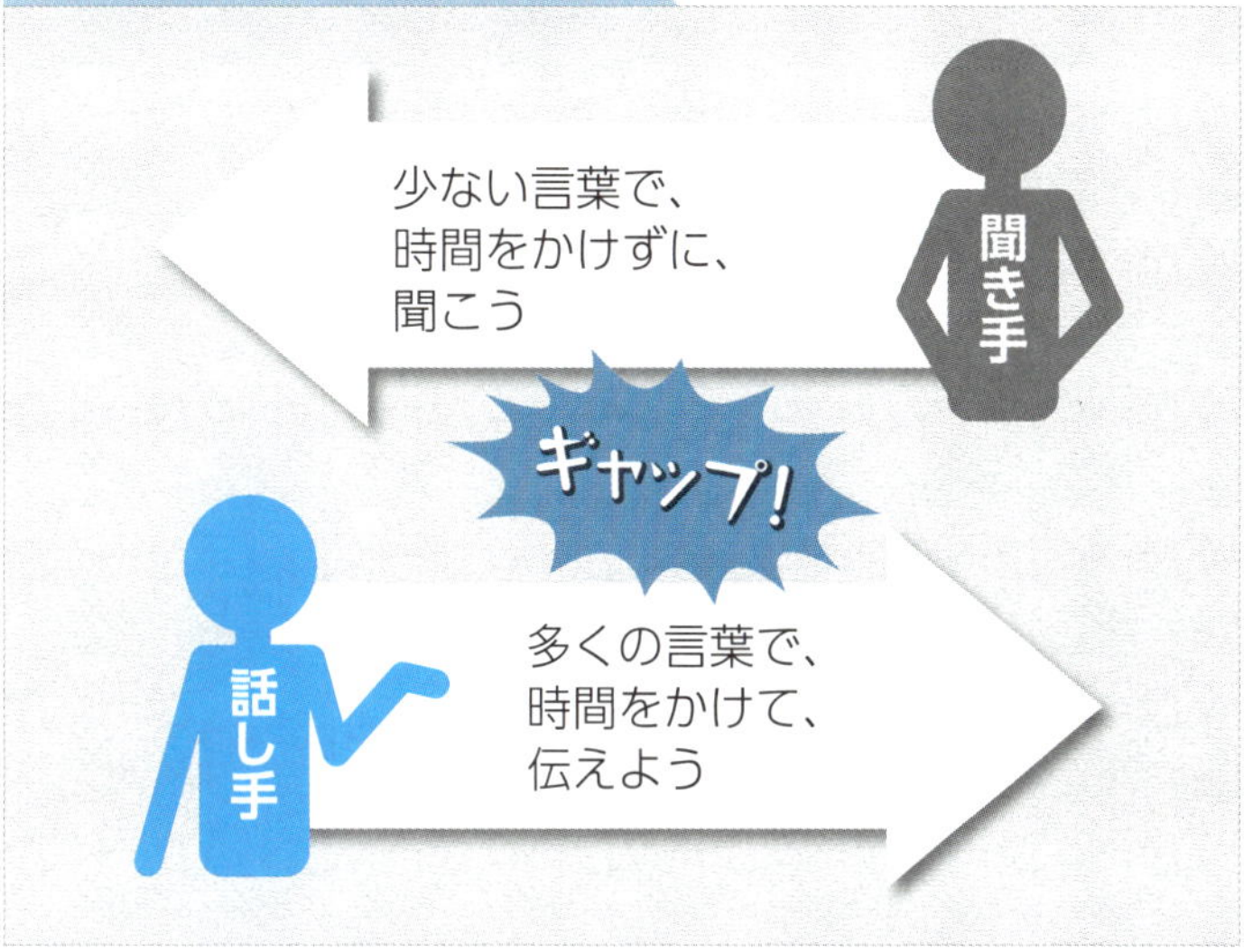
少ない言葉で、
時間をかけずに、
聞こう
聞き手
ギャップ！
話し手
多くの言葉で、
時間をかけて、
伝えよう

しかも、説明を聞く人間は、現実的には、大きな判断をしなければならないことが多く、時間的な余裕がないものです。

「結果を出す説明」というのは、この**「話し手」と「聞き手」のギャップを理解して話をまとめる**ということにほかなりません。

ここでは、忙しくてなかなか時間を割いてもらうことができないような相手に対する方法を紹介します。それが**「1分立ち話」**と**「ポイントメール」**です。

まず、話し手が伝えたい内容を要約して伝えます。**あらかじめ用件を1分程度にまとめて、その場で簡潔に伝えきる**ようにします。

これが「1分立ち話」です。

話し手の説明がすむと、聞き手から返答・確認があるはずです。「わかった」などの一言ですむようならば問題ありませんが、話し手に対して情報の収集など何らかの「宿題」が出ることがあります。

また、「少し考えるために時間がほしい」と聞き手が答えることもあるでしょう。

そこで「ポイントメール」の登場です。話し手は、「ご指摘していただいた件も含め、**ポイントを整理してメールを送りますので、後で返事をください**」

などと言って、**自分や相手が考える時間が必要なところを宿題にする**――。

これだけのことでいいのです。

相手にしてみれば、その場で判断しなくていいというだけで気持ちが楽になります。そうすることで、相手はさまざまな状況を加味して結論を出すことができます。

「1分立ち話」でのポイントは、**「その場で話をまとめない」**ということです。

その場で話をまとめようとすれば、あれこれ余計に思いをめぐらせ、その分、時間もかかります。こうした時間をカットすること。それだけでビジネスの効率はアップします。

頭のいい説明『気遣い』

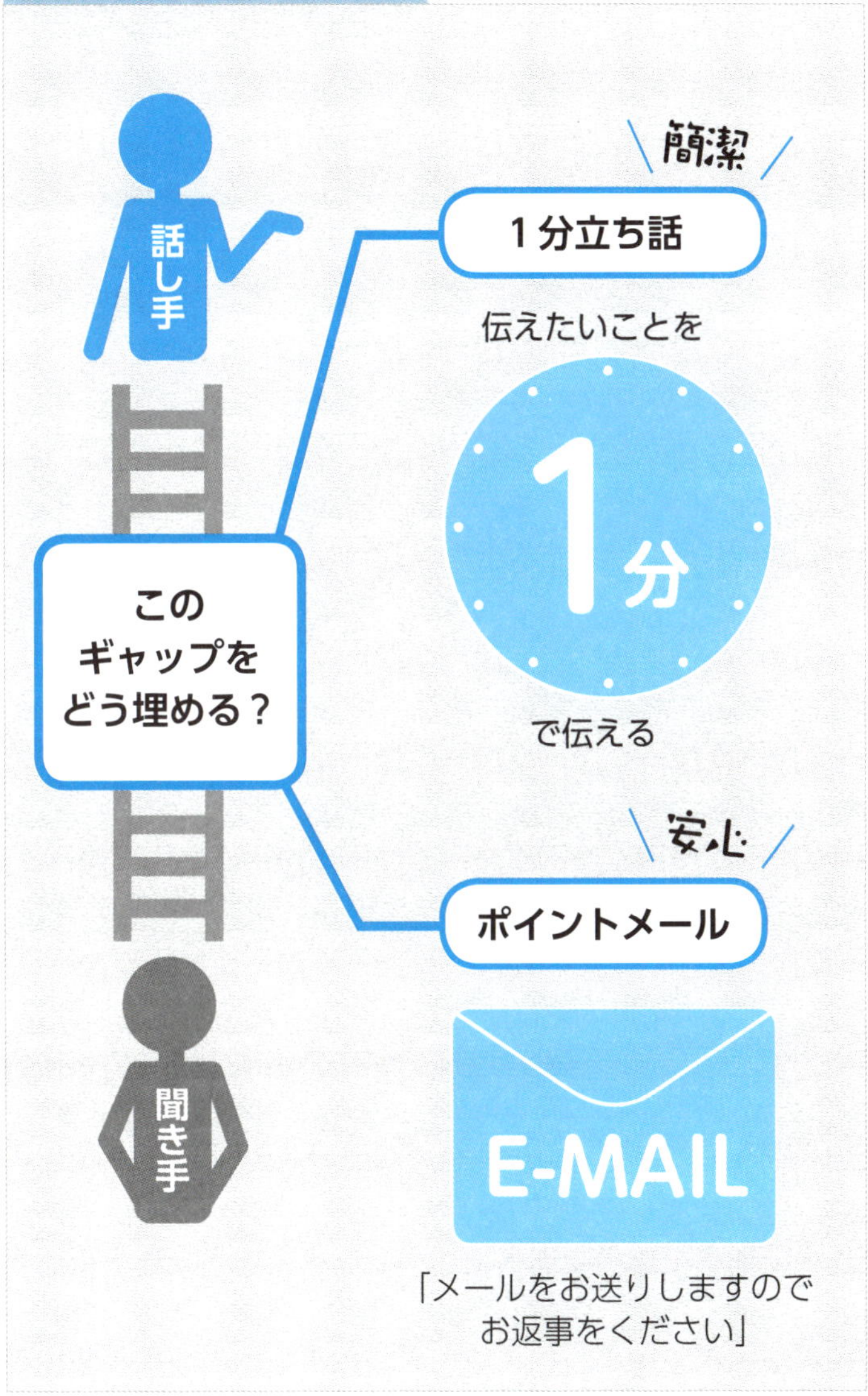
話し手
聞き手
このギャップをどう埋める?
簡潔
1分立ち話
伝えたいことを
1分
で伝える
安心
ポイントメール
E-MAIL
「メールをお送りしますのでお返事をください」

06

「リマインド言葉→現在地→方向性」が最高の流れだ！

メールの報告で、ぜひ覚えておきたい文章の構成があります。

それは「リマインド言葉」→「現在地」→「方向性」の3段構成です。

前項で紹介した「ポイントメール」も、この基本に沿って書くとわかりやすくなるはずです。

①リマインド言葉

何に関する話なのかを、相手に思い出させるための言葉が最初にきます。

「……の件ですが」といった表現になります。

②現在地

現在の状況を説明します。

「現在、……の状況です」といった表現になります。

③方向性

今後、どうするのか、どうなっていくのかについて、説明します。

「今後、……となる予定なので、……しようと思っています。また動きがあれば、お知らせします」といった表現になります。


つまり、**「過去・現在・未来」を確認する**ということです。

じつは、この流れは**「頭のいい説明」の最も簡潔なパターン**なのです。

ビジネスの話は、多くの場合、この流れでやり取りされているはずです。非常にシンプルな構成のため、メールを受信した相手も、この順番で話が展開されると、メッセージを理解しやすくなります。

普段から、メールをこのコツでまとめるようにしておくと、伝わりやすさもまるで違います。

07

頭のいい人は相手に考えさせない――「選択肢から選ばせる」

質問には「オープン・クエスチョン」と「クローズド・クエスチョン」があります。

オープン・クエスチョンとは、**相手に自由な回答を考えてもらう場合**の質問です。たとえば、「あなたはどう思いますか？」「あなたはどんなイメージを持っていますか？」「あなたは何を食べたいですか？」といったものです。

それにどう答えようと、まさに相手の自由。**答えは無限**にあります。

これに対して、クローズド・クエスチョンというのは、**限定した選択肢から相手に返答してもらう場合**の質問です。

たとえば、「あなたは、賛成ですか？　それとも反対ですか？」「あなたは、このイメージが好きですか？　嫌いですか？」「餃子にしますか？　それともカレーにしますか？」といったものです。

頭のいい説明『質問』

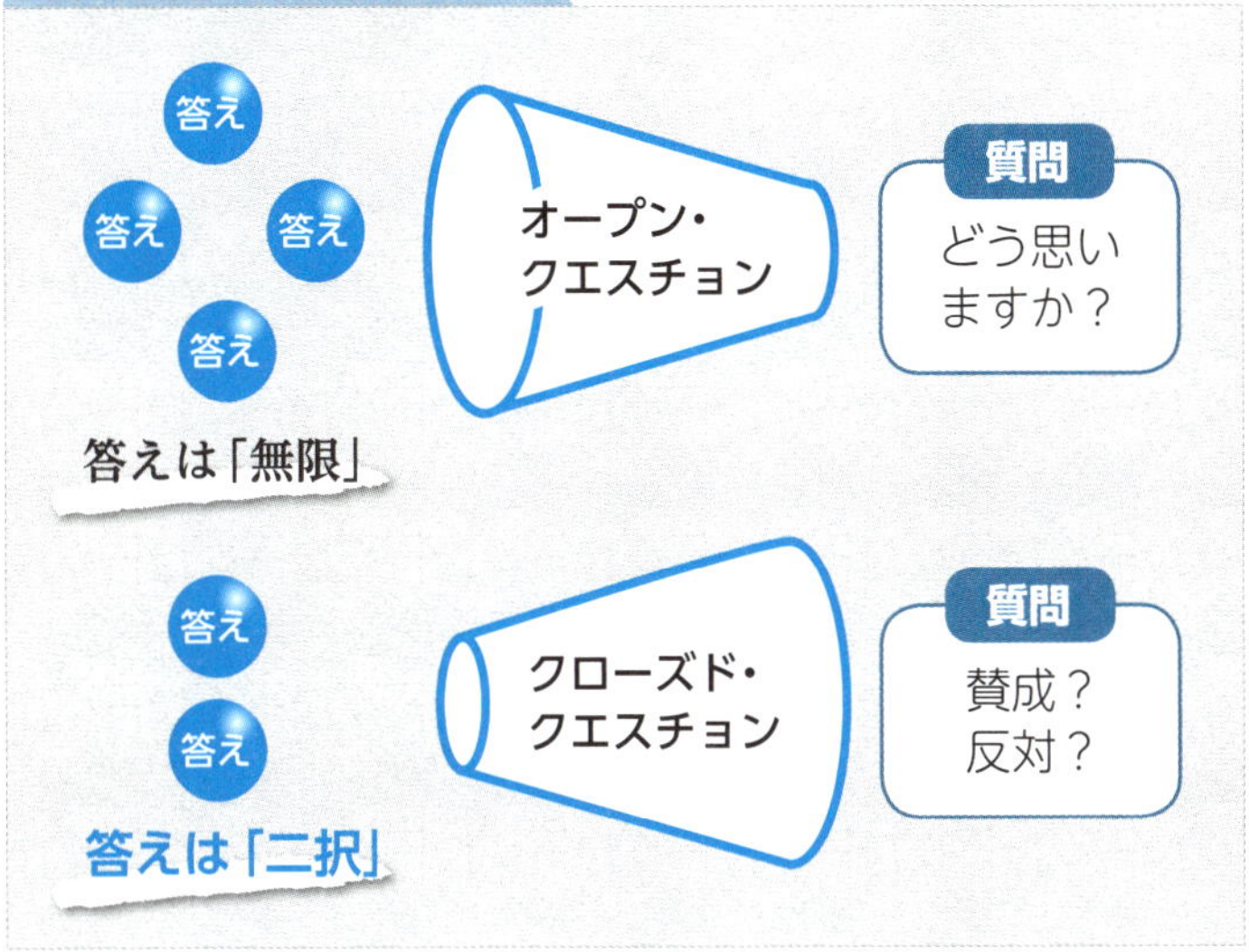
答え
答え
答え
答え
オープン・
クエスチョン
質問
どう思い
ますか？
答えは「無限」
答え
答え
クローズド・
クエスチョン
質問
賛成？
反対？
答えは「二択」

この場合、**答えはどちらか**しかありません。質問される側にとって、回答が楽なのは、クローズド・クエスチョンです。答えの選択肢が提示されているため、「選ぶだけ」でいいからです。

これは、説明のときにも活用できます。

説明を聞いた相手が「どうすればよいのか」を、**話の終わりに選択肢として提示する**のです。説明する側のほうが圧倒的に多くの情報量を持っており、またより多くの時間をかけてその問題に向き合っているはずです。

もちろん、答えの選択肢をあらかじめ考えるわけですから、話し手の負担は増えます。

しかし、このプロセスこそが、**説明を短く縮める効果**を生み出しているのです。

08 「ビフォア」「アフター」をハッキリ対比させる――説得力のコツ

「頭のいい説明」は、話の「内容」だけを伝えるものではありません。必ず、**話の「意図」**も伝わっています。

たとえば、あなたが、遠方の取引先に、ある書類を急ぎで見てもらうことになったとします。

このようなとき、部下に「バイク便を呼んで、この書類を送って」と言っただけでは不十分なのです。なぜなら「なぜバイク便なのか」という意図を部下に伝えなければ、部下の仕事を最初から限定してしまうことにもなるからです。

「すぐにこの書類を相手に見てもらいたい」のであれば、別にバイク便でなくてもかまわないということが多くないでしょうか？　バイク便よりもメールのほうがいいかもしれません。ＦＡＸで送るという手もあります。

頭のいい説明『意図』

では、どうすればよいのでしょうか？

ここでは「ビフォア」と「アフター」の対比をハッキリさせる手法を紹介します。

つまり、**目標とするイメージ（アフター）と現状（ビフォア）を対比させる**ことで、話の「意図」が伝わりやすくなるのです。

たとえば、次の3つの言葉を比べてみてください。

①「先にAの件をやってください」

②「先にAの件をやってください。そうすると、Sさんもすぐに動けるので」

③「先にAの件をやってください。そうすると、Sさんがデータを集めているので、すぐ資料を作成できるから」

①よりも②が、②よりも③が、イメージ（アフター）がハッキリしています。

つまり、**「結果的にどうなるのか」**を説明したほうが、話の「意図」が伝わりやすいのです。事実、話が通じない場合、その理由として、話の「内容」ではなく、話の「意図」が伝わっていないということが少なくありません。

この例で言えば、「Sさんが動ける」あるいは「資料を作成できる」というのが、未来のイメージ――「アフター」です。未来のイメージを伝えることで、現状（ビフォア）との対比が際立つのです。

さらに「ビフォァア」と「アフター」の**違いを明らかにするためのキーワード**として、**「そうすると」**あるいは**「……できるから」**という言葉が使われています。

冒頭のバイク便の例でも、それが言えます。

「先方は出先で、メールを確認できるかどうかわからないから」とつけ加えたほうが、話し手の「意図」が明確になるはずです。

「何をしたいのか」といった意図については、話し手と聞き手の間で異なるイメージを抱いてしまうことが少なくありません。そのギャップをなくすためにも、「ビフォア」と「アフター」を対比させて使うという手法は効果的なのです。

CHAPTER 3

できる人は「箇条書き」で説明する！

01 「相手がメモを取ることを前提」に話せ——わかりやすさのコツ

いきなり結論を言いましょう。

「相手にメモしてほしいこと」を伝える——。

この視点を持っているかどうかが、仕事で「結果を出す説明」をするうえで大きなポイントです。

なぜならば、説明というものは、多くの場合、**目の前の相手だけが対象ではない**からです。あなたの説明を聞いた相手が、さらに第三者に説明をすることも考えなければなりません。

目の前にいる人だけを口説けばいいわけではないのです。

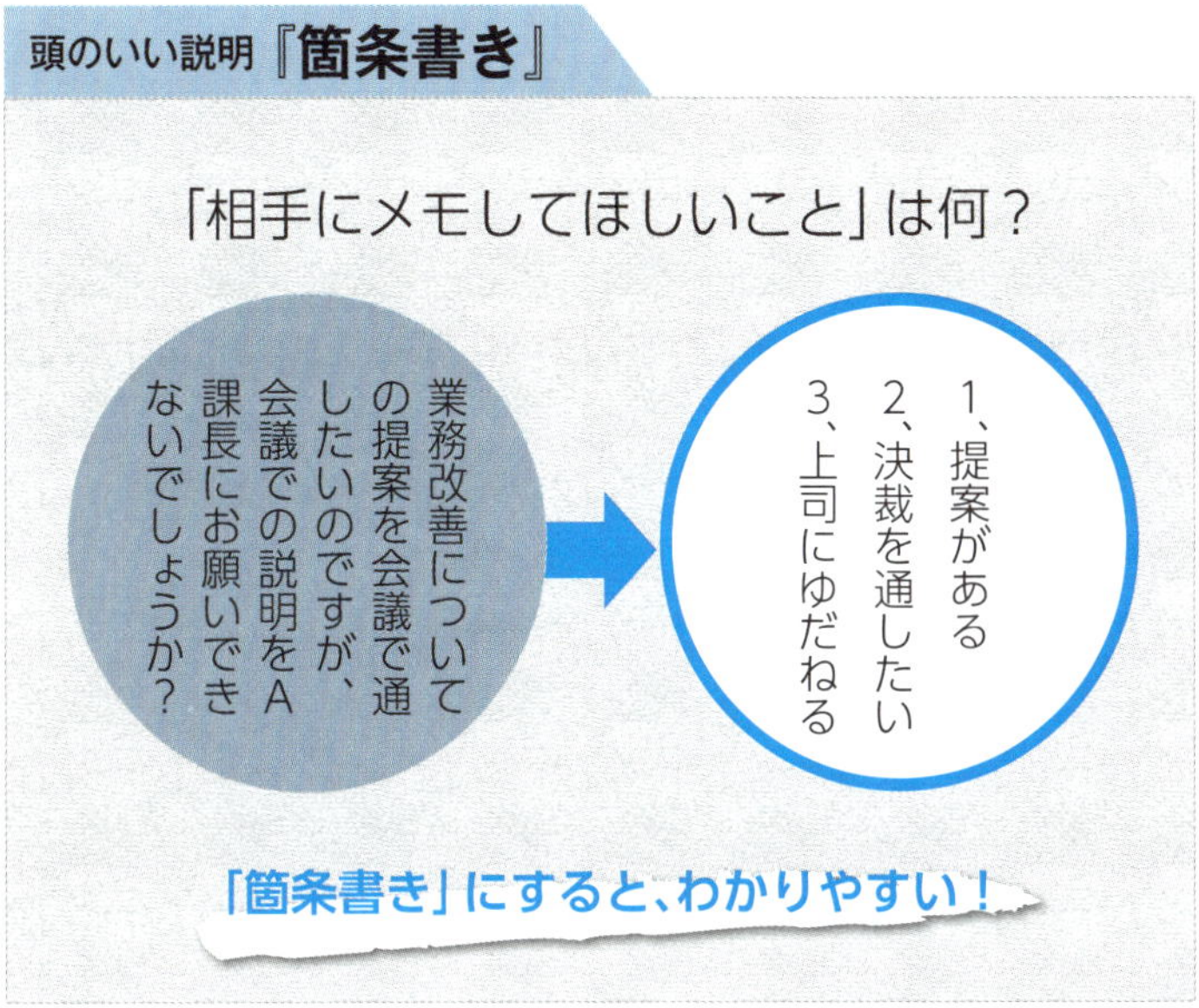
頭のいい説明『箇条書き』
「相手にメモしてほしいこと」は何？
業務改善についての提案を会議で通したいのですが、会議での説明をA課長にお願いできないでしょうか？
1、提案がある
2、決裁を通したい
3、上司にゆだねる
「箇条書き」にすると、わかりやすい！

・最初の一歩として、聞き手本人に実行してもらう。
・その人に社内会議を通してもらう。
・あるいは、上司に説明してもらってＯＫをもらう。

それが「結果を出す説明」なのです。

この章ではズバリ、「相手にメモしてほしいこと」の伝え方を紹介します。そのノウハウは、大きく分けて２つあります。

①「自分のメモ」を相手に使わせる方法。
②「自分の言葉」を相手にメモさせる方法。

要は、**内容を「箇条書き」にする**ことです。

02

数字・固有名詞は「書いて説明する」
——メリハリのコツ

「聞き手がメモしやすい伝え方」をするには、どうすればいいのでしょうか？

まず試したいのは**「視覚的に見せる」方法**です。つまり、メモする内容を目で見てわかる形で教えてあげればいいのです。

最近、テレビのニュース番組やバラエティ番組で、日本語の字幕（テロップ）をよく見かけます。

テロップは、もともと、リモコン操作でテレビチャンネルをしきりに替えている人の興味をひく目的で始まったそうです。実際、何となくぼんやりとテレビを見ていても、テロップで興味をひかれることは珍しくありません。

このように視覚に訴えるのは、たいへん効果的なのです。

ただ、その際も注意点があります。

頭のいい説明『**視覚化**』

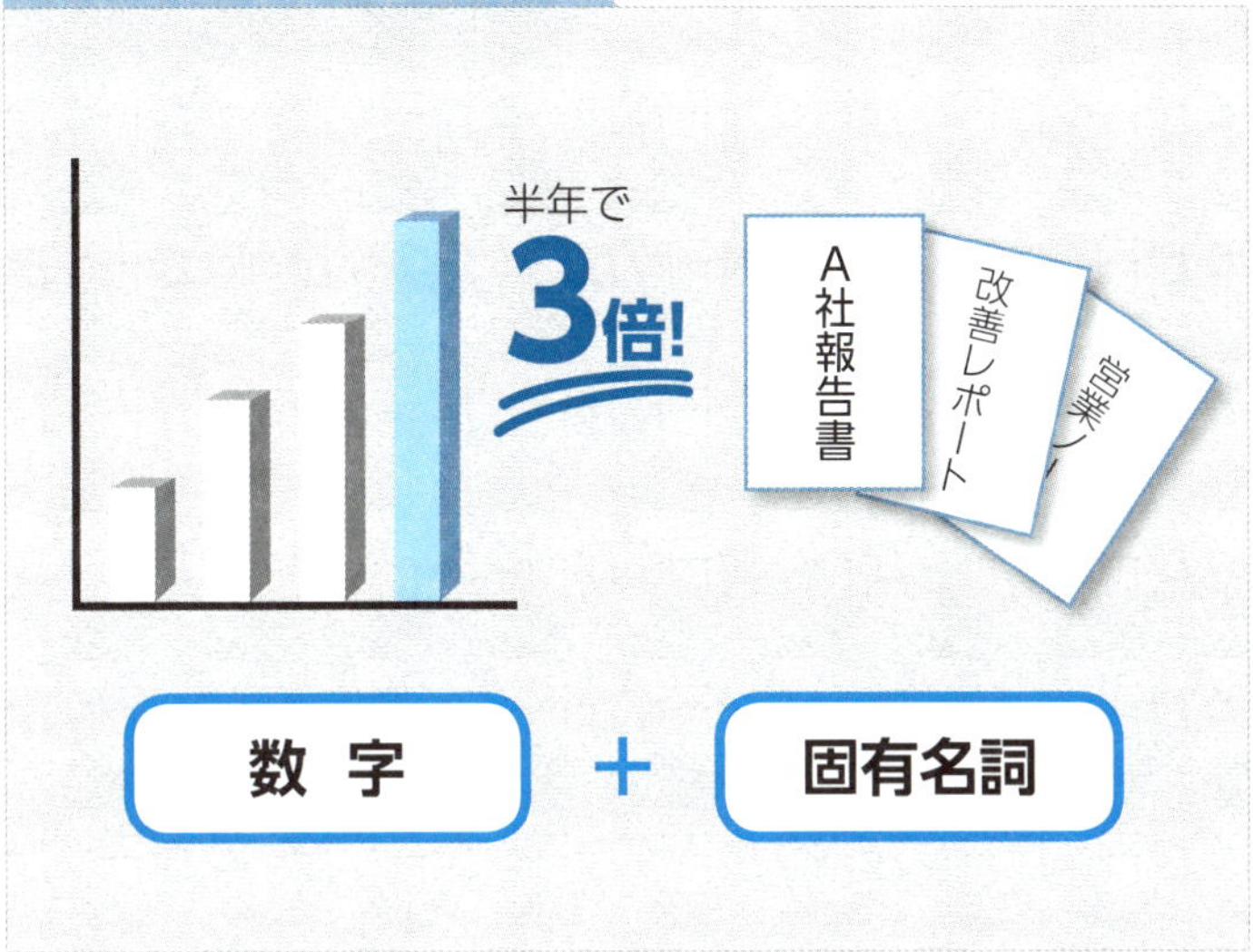

文字にするのは、**「最低限の単語」に限る**という点です。

プレゼンの際、読むのが負担になるような文章は、かえって逆効果です。話を聞きながらでも認識できる長さに押さえることがポイントです。

また、**「数字」「固有名詞」は、説明の重要ポイント**になることが多く、聞き取れないと大きなストレスになります。

「あれ、今、何て言ったの?」と一度考えてしまうと、その次に話し手から発せられる言葉がまるで頭に入りません。

だからこそ、「数字」「固有名詞」といった重要キーワードは、視覚的にポイントを見せたほうがいいわけです。

03

「サインペンでメモを取る」と、なぜ記憶に焼きつく？

相手の視覚にアピールする場合、簡単かつとても効果的なテクニックがあります。

それは、打ち合わせでメモを取る際、**「ボールペンでなく、サインペンを使う」**ことです。

私自身、これを10年以上続けています。ボールペンでなく、サインペンを使うだけで、とてもおもしろい現象が起こります。**コミュニケーションが大きく変わる**のです。

私が愛用しているのは、**柔らかい印象を与える「青いサインペン」**です。

サインペンは、ボールペンよりペン先が太いので、ノートに書かれる文字は太く、サイズも若干大きくなります。すると、ほかの人たちが私のノートを覗き込むようになります。そして**私のメモを見ながらうなずいたり、話したりするようになる**のです。

机の上で、みんなから見えるような文字で、メモを書いていく――。

頭のいい説明『メモ』

それはまさに、ホワイトボードの役割を果たしていると言えます。

普通、メモを取るとき、サインペンを使う人はあまりいませんが、サインペンの太い文字だと、強烈に印象に残りますし、机の反対側からでも斜めからでも確認することができます。

私が書いた**メモを参加者全員で共有**すれば、それが**「共通理解」**となり、そのノートに書かれたことは**「議事録」**になるわけです。

メモは、ノート1ページにたくさん書こうとせず、**「矢印」**や**「箇条書き」**をうまく組み合わせて、**話の流れが一目で理解できる**ように、できるだけ単純に書くのがコツです。

お手軽です。ぜひお試しください。

04

説明に「タイトルをつけてみる」——引き寄せのコツ

説明をする前に、次のようなことを考えてみましょう。

①説明の中で**「一言だけ覚えてもらう」**とすれば、どんなキーワードか？
②説明に**「一言でタイトルをつける」**とすれば、どんなキーワードか？

この2つを考えるだけで、あなたの説明はたちどころにわかりやすくなるはずです。

なぜなら、この作業によって、**説明に「一本、筋が通る」**ことになるからです。

実際、**説明がうまい人は、話の内容を一言で言い表す**ような話し方をしているものです。

スピーチが苦手だという人に「いつもどんなことを考えながら、どんなことを伝え頭のいい説明『タイトル』

つまり、
一言で言うと？
大きな情報
小さな情報
事 実
正 論
意 見
背 景

ようとスピーチをしていますか？」と聞くと、特徴的な答えが返ってきます。

「自分が話しているテーマについて、いろんなことを考えて（感じて）もらいたかったんです」というものです。

つまり、「伝えたいこと」があまりにも漠然としているのです。

「何を伝えるか」が聞き手任せになっていると言ってもいいでしょう。

聞き手が、もっとハッキリと、シッカリと、テーマを明確に意識できるように伝えなければなりません。

たとえば、私はよくこんな実験をします。

受講生の1人に、ほかの受講生の前で「3分間スピーチ」をしてもらうのです。

テーマは何でもかまいません。そして、スピーチが終わった後、話し手と聞き手に対してそれぞれ、

「今のスピーチを一言で表すとすれば？」

と聞きます。ここで答えが一致することは、ほとんどありません。

次に、話し手に先の2つを意識してもらいます。

①自分のスピーチの中で「一言だけ覚えてもらう」とすれば、どんなキーワードか？

②自分のスピーチに「一言でタイトルをつける」とすれば、どんなキーワードか？

そうすると、話し手と聞き手の正答率（答えが一致する率）が上がります。さらに、スピーチの冒頭と最後に①と②を話せば、正答率はかなり上がります。

このように**「一言でまとめる」テクニックは非常に効果的**なのです。

「話の内容をまとめると、どんなキーワードになるか」ということをつねに意識すると、説明がグンとわかりやすくなります。

頭のいい説明『キーワード』

この言葉を中心に話を展開しよう！

私の仕事は日々、自分の**成長**を意識する仕事です。お客様の要望をデザイナーに伝え、形にしていきます。しかし、お客様は多くの場合、要望をあまりハッキリ言いません。そこで自分の力が試されます。知識や知恵を駆使して、さまざまな角度から質問し、確認しながら形にしていきます。

知識がなかったり、質問がへただと相手のイメージを正確につかむことができません。猛スピードで**成長**しなければ、お客様にご満足いただくことはできません。

幸い、1つの案件が終わるごとに、知識や経験が増え、その分、自分の**成長**も実感できます。

今年3年目ですが、こんなに**成長**できる仕事にめぐり合えて、本当によかったと思いますね。

05 できる人は「上司がどんなときにイエスと言うか」を知っている

相手が「イエス」と答えるような問いかけを続けることを、カウンセリング用語で**「イエス・セット」**と言います。

これは、アメリカの臨床催眠家のミルトン・エリクソンの使った催眠方法です。

相手から「イエス」という答えを多く引き出すことによって、相手の中に「イエスの心構え」を作り出してリラックスさせるという原理です。

この「イエス・セット」は、説明し、承諾を得るときにも活用できます。

人は、**「イエス」と言いつづけていると、自然と「イエス」を言いやすくなる**ものです。その心理を利用して、最終的に「イエス」という答えを引き出すのです。

ただ、この方法には1つ、**絶対条件**があります。相手の言動に日ごろから気をつけて、**どんなことに相手が「イエス」と言うか**をよく理解しておく必要があります。

頭のいい説明『イエス』

相手に承諾を得るコツ

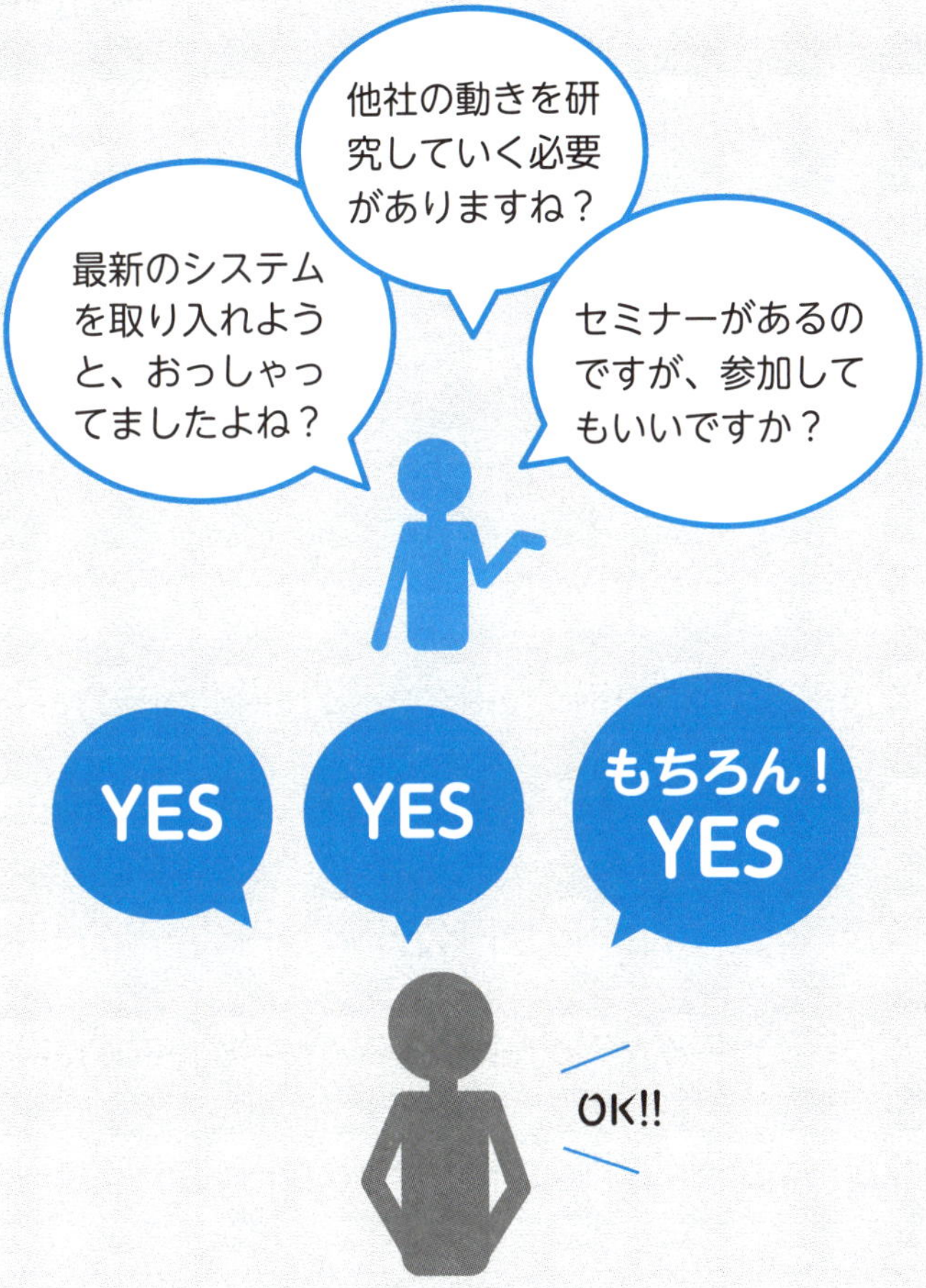
他社の動きを研究していく必要がありますね？
最新のシステムを取り入れようと、おっしゃってましたよね？
セミナーがあるのですが、参加してもいいですか？
YES
YES
もちろん！YES
OK!!

最終的にOKが出やすい！

06 主語「私は」を増やすと、説明が力強くなる！

主語を「私」にして話すと、説明がわかりやすくなります。

左ページに紹介する「中途採用の面接」を担当したD氏と人事部長との会話で考えてみましょう。

D氏は仮定形で話すことが多いようです。仮定形で話す人は、それだけたくさんの状況を想定できるということですが、これでは何ともハッキリしません。そこで、

①主語を**「私は」**にする。

②仮定形の部分を条件づけし、**自分なりの解決策を提示する**。

この2つを意識するだけで、D氏の説明が断然、力強くなるのです。

頭のいい説明『主語』

わかりやすいのは、どっち!?

部長「応募者のEさんは、どうでしたか?」

D氏「ちょっと頑固そうな人ですね。ウチのやり方に早く慣れてくれるならいいんですが……。チームメンバーも好き嫌いが分かれるかもしれません。Fさんなんかとは合わないんじゃないですかね」

部長「で、面接の結論としては?」

D氏「採用を急ぐなら、候補として残す方向ですね」

部長「……」

主語を「私は」にする（太字部分）

「解決策」を提示する（傍線部分）

部長「応募者のEさんは、どうでしたか?」

D氏「ちょっと頑固そうな人ですね。ウチのやり方に早く慣れてもらう必要があります。（私としては）**それが可能かどうかを確認したいですね。**チームメンバーの好き嫌いも懸念されます。たとえばFさんと組ませるようなことは避けたほうがいいですね」

部長「で、面接の結論としては?」

D氏「採用は急ぎたいですが、（私としては）**結論を出すためにまだ確認したい**こともあります。（私としては）**候補として残して**、次の方に見極めをお願いしたいですね」

説明が力強くなる!

07 「良い・悪いを分けて話す」と、聞きやすい＋わかりやすい！

「良い点・悪い点を分けてまとめる」というのも、説明をわかりやすくするためのポイントです。

これも前項の「中途採用の面接」の例で見ていきましょう。

部長「今回の応募者のEさんについて、もう少し細かな印象を教えてください」

D氏「質問に対する答えがちょっと長いのが△。業界経験があり、基本的な知識がすでにあるところは○。ただし、まだしっかりした実績を上げていないところは△。今勤めている会社を辞める理由と志望動機はすっきり理解できましたので○。あと、気になったのは先ほど申し上げたように性格がちょっと頑固そうなところです」

頭のいい説明『わかる』

長所、短所をハッキリ伝える！

文字で読むと抵抗がないかもしれませんが、これでは何を言っているかよくわかりません。「良い点・悪い点」がゴチャゴチャになっているためです。

次ページのように「良い点・悪い点を分けてまとめる」だけでもスッキリします。

さらに、**前後に「結論」を置いて「良い点・悪い点」をサンドイッチする**と、メモが取れるような「話の流れ」ができ上がります。

そうすれば、どんな材料をもとに導き出した結論か、全体を見渡しながら確認することができるわけです。まさに完璧な構成と言えるでしょう。

「何を話すか」よりも**「どう話すか」によって説得力は増す**のです。

頭のいい説明『サンドイッチ』

まず「結論」

採用は急ぎたいですが、まだ確認したいこともあります。候補として次の面接に進んでもらい、次の方に見極めをお願いしたいです。

「良い点・悪い点」を箇条書きにする

Good

①コミュニケーション力と経験はＯＫ。
②前職を辞める理由と、当社の志望動機も明確。
③業界経験があり、基本的な知識もすでにある。

Bad

①質問に対する答えがちょっと長い。
②十分な実績をまだ上げていない。
③性格がちょっと頑固そう。

ウチのやり方を取り入れてもらう必要がありますから、次のステップでは、そこが可能かどうかを確認したいですね。チームメンバーの好き嫌いも懸念されます。Ｆさんと組ませるようなことは避けたほうがいいですね。

結論としては、次の面接に進んでもらい、そこで今申し上げたようなポイントを確認していくのはどうかと思います。

最後にもう一度「結論」

CHAPTER 4

「いい言葉」が「いい人間関係」を生む！

01

わずか1分間で「信頼される」コツ

あなたは「上司が今日一日、どんな予定で動いているか」ご存じでしょうか？

それだけで、**上司とあなたとの「信頼関係」**がわかってしまいます。

「信頼される人」は、朝、出社したら、その日の自分の予定はもちろん、上司の予定を無意識に確認します。そして「その日、上司と話ができる時間帯はいつか」「報告や相談をしなければならないことがどれだけあるか」などを考えるのです。

上司のスケジュールがわかっていれば、**「今日はこの瞬間しかないと思いまして、**お忙しいところすいませんが、２~３分だけでもお時間いただけませんか？」といった**「気配り」の言葉**が自然と口から出てきます。

上司は、その一言で、部下が**自分の状況をどれだけ深く理解してくれているかを痛感**するわけです。良好な「信頼関係」はこんなところから始まるのです。

頭のいい説明『信頼感』

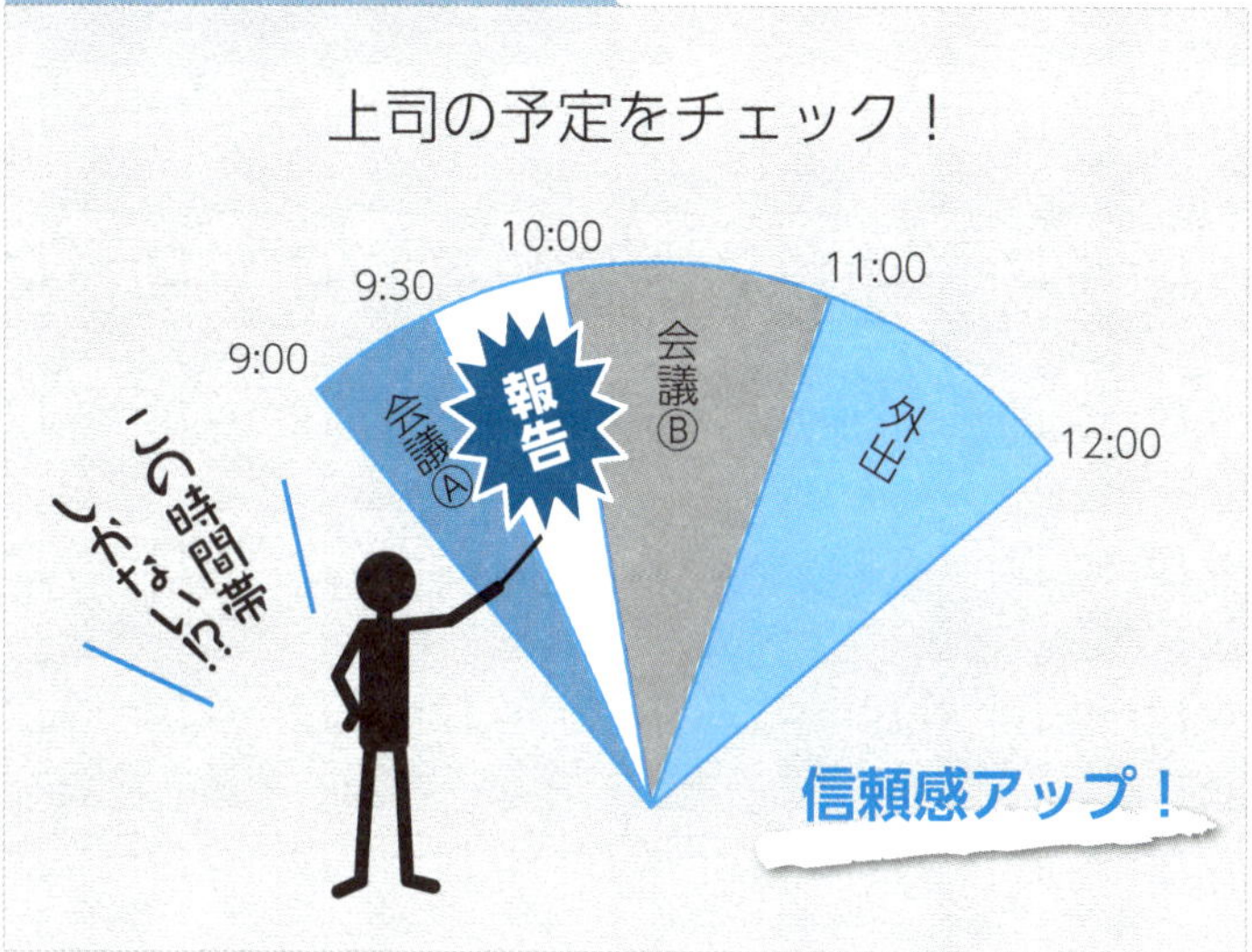
上司の予定をチェック！
9:00
9:30
10:00
11:00
12:00
会議Ⓐ
報告
会議Ⓑ
外出
この時間帯しかない!?
信頼感アップ！

　また、「信頼される人」は、部外の人に「部長は今日、いないの？」などと唐突に聞かれても、即座に「今日は朝から外出ですが、夕方には戻ってくる予定です」という具合に答えることができます。

　同じ部署で直接一緒に働いていなくても、このやり取りだけで、その人が上司に信頼される人であることがハッキリ伝わります。

「信頼される人」と「されない人」は、このように1分間もあれば、決定的な差がついてしまいます。人から信頼されたいのなら、**まず、相手の行動を見る**ことです。

　そうして信頼関係を築くことで、あなたの言葉は「言葉どおりに」、さらに「言葉以上に」相手に受け止めてもらえるのです。

02
「私がやっておきます」という魔法の言葉

上司が設定したアポイントに自分も同行するというケースがあります。

その用件や相手について「事前に聞く」ということは多くの人がやっていると思いますが、「信頼される人」は、そこでもう一言、次のような言葉をつけ加えています。

「では、私が電車の時間を調べておきましょうか？」

この「気配り」が自然にできる人と、できない人では、「信頼関係」を構築、発展させるうえで大きな差がつきます。

さて、ここで簡単なクイズをしてみましょう。

頭のいい説明『思いやり』

あなたは、仕事ではじめて会う人のところに行く前、どんな準備をしていますか？

①資料を準備する。
②なじみの薄い会社の人なら、相手の会社のホームページを見る。
③会社の場所を地図で確認する。
④電車の乗り換えや移動時間を確認する。

「信頼される人」は、さらに事前準備をしています。**インターネットで相手の名前を検索する**のです。

最近は実名でブログやSNSで発信している人も増えています。ブログを読めば、相手が何に興味を持ち、どんな仕事・活動をし、何に対してどう考えるのかがよくわかるものです。

会う前にその「人となり」がわかっていれば、話もしやすいですし、相手も**「自分に会うためにそこまで準備してきた人なんだ」**という気持ちになるものです。

また、ブログが出てこなくても、誰か別の人のサイトで、当人のことが紹介されていることもあります。論文や著書、受賞記録、あるいは趣味の活動などの情報が出てくることもあり、いずれにしても会う前にかなりの情報が得られることが少なくありません。

これは、ネット上で自分の情報を発信していない人には理解しにくい感覚かもしれません。

しかし、そこが盲点です。

相手がネット上での情報発信に熱心な人だったとすると、**「この人は何も情報収集をせずに来たんだな」**と感じてしまうことがあるからです。

相手がはじめて会う人だからこそ余計に**「準備の差」は、ハッキリと相手に伝わる**ものです。そしてネットに不慣れな上司であれば、なおさら、こうした「気配り」をすることで信頼されるようになるのです。

頭のいい説明『準備』

初対面の人と会う前の準備とは？

資料

相手先のホームページをチェック

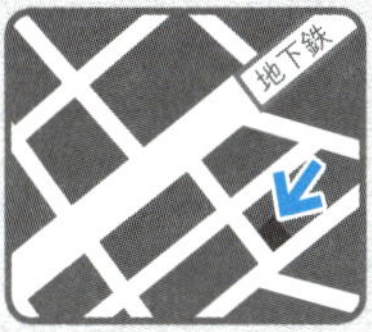

地図で場所をチェック

電車の乗り換え
移動時間をチェック

クリック！

さらに、相手の名前をネットで検索

ブログ
論文
著書
受賞記録
趣味
etc.

この準備が相手に伝わる！

03
「自己PR用エピソード」の頭のいい使い方

社会心理学者ザイアンスは、**人は何度も会うほど「親近感」を得やすくなる**ことを「写真を見せる実験」によって証明しました。

特定の人物の写真を「繰り返し見せた」場合と、同じ人物の写真を「一度しか見せなかった」場合で「好感度」を比べたところ、「繰り返し見せた」場合のほうが好感度が上がることがわかったのです。

たしかに、接点が多ければ多いほど「親近感」を持つことは事実ですよね。ただ、この接点を多くすることが、なかなか難しいのです。

継続的な接点を作るうえで、ぜひ覚えておきたいポイントがあります。

自分から話題を提供する――つまり、**「自己開示」**です。

自分の身の上話などプライベートな情報をさりげなく伝えるのです。

頭のいい説明『親近感』

たとえば、はじめての取引で打ち合わせをするような場合、同じ会社の人の名刺を何枚ももらうことがあります。そんなとき、「記憶に残る人」と「残らない人」がいます。

なぜでしょうか？

もちろん、役割・役職の重要度の差や外見による記憶というのはあるでしょう。しかし、多くの場合、どんな会話をしたか、エピソードとセットで記憶に残るものです。

つまり、自分のことをまず知ってもらわないといけない場合は、仕事の話の合間に、さりげなく自分の話をしたり、ちょっと身の上話を入れてみる。それが、**エピソードとして相手の記憶に刷り込まれる**のです。

私が以前、とある家電機器を担当し、アニ

メのコンテンツメーカーに向けて、協業（共同して事業を行なうこと）の提案をしていたときのことです。

私の同僚は、自分の彼女がアニメオタクで、アニメのＤＶＤやグッズに多くのお金をかけ、どれだけ新しいコンテンツを楽しみにしているか、ことあるごとに話していました。この同僚の「自己開示」は、一見するとムダな情報のようですが、次のようなことを暗示しているわけです。

①自分は、仕事ではハードウエアを担当しているけれども、コンテンツビジネスについても、ある程度は理解している。
②だから、あなたたちが心配しているポイントもよくわかっていますから、ビジネスパートナーとして信頼してほしい。

実際、アニメのコンテンツメーカーの人たちは、頻繁に「彼女がアニメオタクだって言ってた人」という言い方で彼のことを話題にしていました。

「自己開示」が、**相手に「親近感」を持たせ、協力的な気持ちにさせる**のです。

頭のいい説明『自己開示』

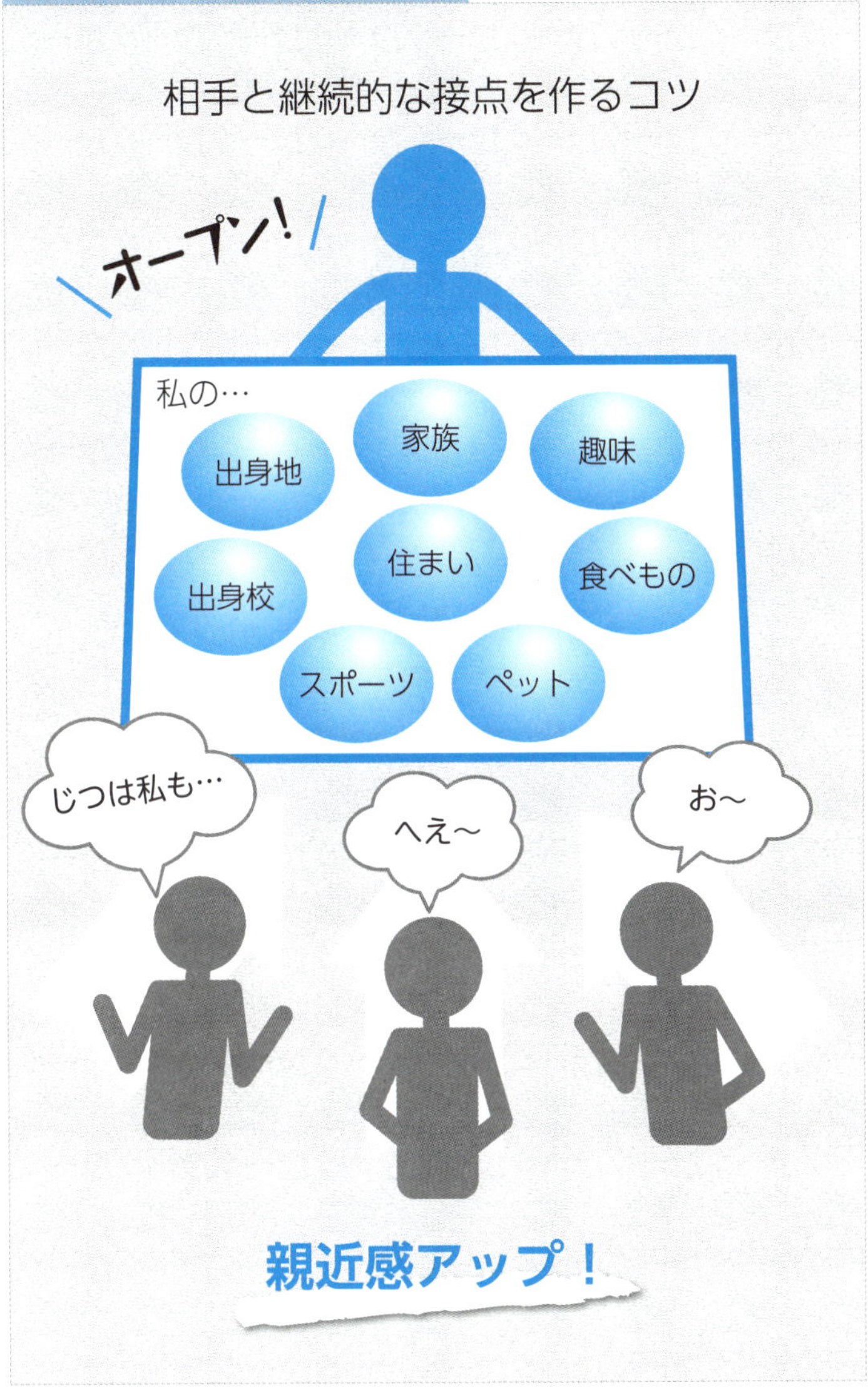
相手と継続的な接点を作るコツ
オープン！
私の…
出身地
家族
趣味
出身校
住まい
食べもの
スポーツ
ペット
じつは私も…
へえ～
お～
親近感アップ！

04 自分が「聞きたいこと」を相手に話させるコツ

良質の情報を伝えれば、必ず良質の情報が返ってきます。

自己開示をすると、相手からも同じような情報を開示されることがよくあります。子どもの話をすれば、聞いている人も自分の子どもの話をする。自分の趣味の話をすれば、相手も趣味の話をする、といった具合です。

この法則を利用して、**相手に話してもらいたいテーマの話を自分から先にする**という方法があります。

私の知り合いで、年に一、二度、自分の身の上話をまとめたメルマガを送ってくれる経営者がいます。

そこに書かれているのは、経営の試行錯誤の経験と、家族の話、とりわけ子どもの話です。「他人の家族の話なんて、しかも日常生活でほとんど関わりを持たない人の頭のいい説明『誘導』

いい話が
あるんですよ
じつは私も
こんな情報が…
「いい情報」には「いい情報」が返ってくる

プライベートな話なんて、何の関心もない」という人もいるかもしれません。

ところが、私は、自分でも意外でしたが、興味をひかれたのです。

たとえば、彼の「子育て奮闘記」がおもしろい。メールが送られてくるのは年に一、二度ですから、毎回、子どもが成長しているわけです。そしてなぜか不思議なことに、そのメールを読むと、**エピソードがパパッと頭によみがえってくる――**。前回どんな話だったかを思い出すのです。

彼とは数年前に一度しかお会いしていませんが、おそらく今会っても、それほど違和感なく話ができるはずですし、こちらも自分の子どもの話をしてしまいそうです。

05 「この人の話をまた聞きたい」と思わせる心理術

継続的な接点を作ろうと、**驚きの情報（ニュース）をつねに仕入れて伝えるようにしている**、という人もいます。

相手に「この人の話をまた聞きたい」と思われるように、「会うたびに知らないことを教えられる人」になるためです。

情報は一般ニュースではなく、知っている人が少ない、ニッチで、マイナーな情報であればあるほど、効果的です。聞いた話を思わずまた誰かにしてしまいたくなるようなものがベストです。

たとえば、業界紙や社内報、ローカルニュース、一部のマニアが発信している情報などを意識的に読み、**「〜を始めた」「〜をやめた」「〜がうけている」**などの新しい話題を、日ごろから収集しておく。仕事で出会った人に、その人の専門分野でのトレ頭のいい説明『ニュース』

ンドなどを積極的に聞くようにする。そうすることで、情報を仕入れることができます。

たとえば、先日会った電話秘書サービス会社の営業マンから次のような話を聞きました。

「最近、電話秘書サービスを導入する会社は、少人数の会社ばかりではなく、社員のワークライフバランスを重視する大手の会社が増えているようです。つまり、社員を残業させずに家に帰らせるため、19時以降は電話秘書サービスに転送しているそうです」

このような話は、管理職の方や、会合などで話題が出たときに教えてあげれば喜ばれるのではないでしょうか。

06

説明上手な人は、例外なく「語尾」がハッキリしている！

「何を伝えるか」に加えて、「どう伝えるか」も、**信頼されるために重要なファクター**になります。

伝え方によっては、話の内容をきちんと受け止めてもらえなかったりするばかりか、相手に意外なストレスを与えることもあるからです。

まずは**「言葉の明瞭さ」**についてです。聞き手にとって、不明瞭で聞き取りづらい話を聞かされることは、耐え難いストレスです。

講演会で、「話が難しい」とか「おもしろくない」とかクレームを言う人はそう多くはありませんが、「音声が聞き取れない」場合、不快感をあらわにしてクレームを言われることがよくあります。

音声が聞き取れない場合の多くは、マイクの問題ではなく、「講師の発声」の問題頭のいい説明『目と声』

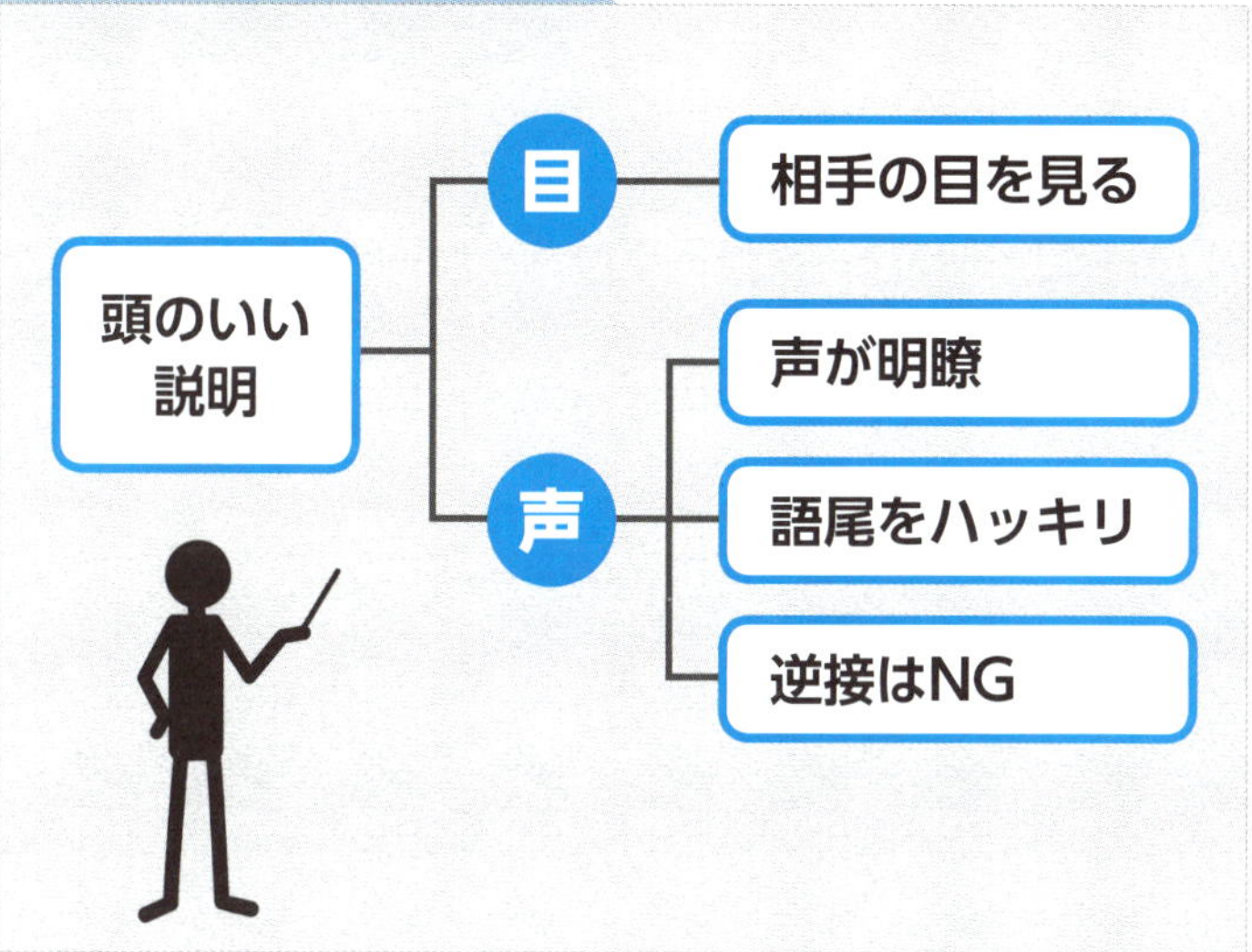

であり、しかもやっかいなのは、それを講師本人が気づいていないということです。

話すときは、ぜひ意識して**口をハッキリ開けて明瞭に話す**ことを心がけていただきたいのです。それだけで聞き手のストレスが減り、結果的に説明のレベルが格段に向上します。

こう書くと当たり前のことのようですが、この当たり前のことをできない人が意外に多いのです。

実際のところ、「プレゼンテーション研修」を実施すると、10人のうち1人か2人は言葉が不明瞭で、聞き取りづらい話し方をします。

ところが、**本人はまったく自覚していない**場合がほとんどです。ビデオを見せながら指摘してても、あまりピンとこないようですが、ほかの参加者が「たしかに」という顔をするのを見て、納得します。

このようなことはけっして人ごとではありません。

とくに注意したいのが、82ページで述べた**「固有名詞」**と**「数字」**です。

たとえば、領収証をもらうとき、宛名に社名を書いてもらおうとして、きちんと聞き取ってもらえず、毎回面倒に思うという経験はありませんか？

また、**日本語は「語尾」で意味が真逆になります**。

語尾が不明瞭なだけで、「～したことがあります」が「～したことがありません」と聞こえてしまうようなことが起こります。これでは、聞き手にとっても、話し手にとっても、致命的な結果となりかねません。

往々にして、言葉が不明瞭な人は語尾が聞こえづらいのです。

だからこそ語尾――、つまり、**最後の「締め」の部分をハッキリと言いきる**ことが大切です。

そして、締めの部分が大切という点は、相手に示す態度も同様です。

説明の最後は、**相手の目をしっかりと見て終わる**ようにしてみてください。

頭のいい説明『語尾』

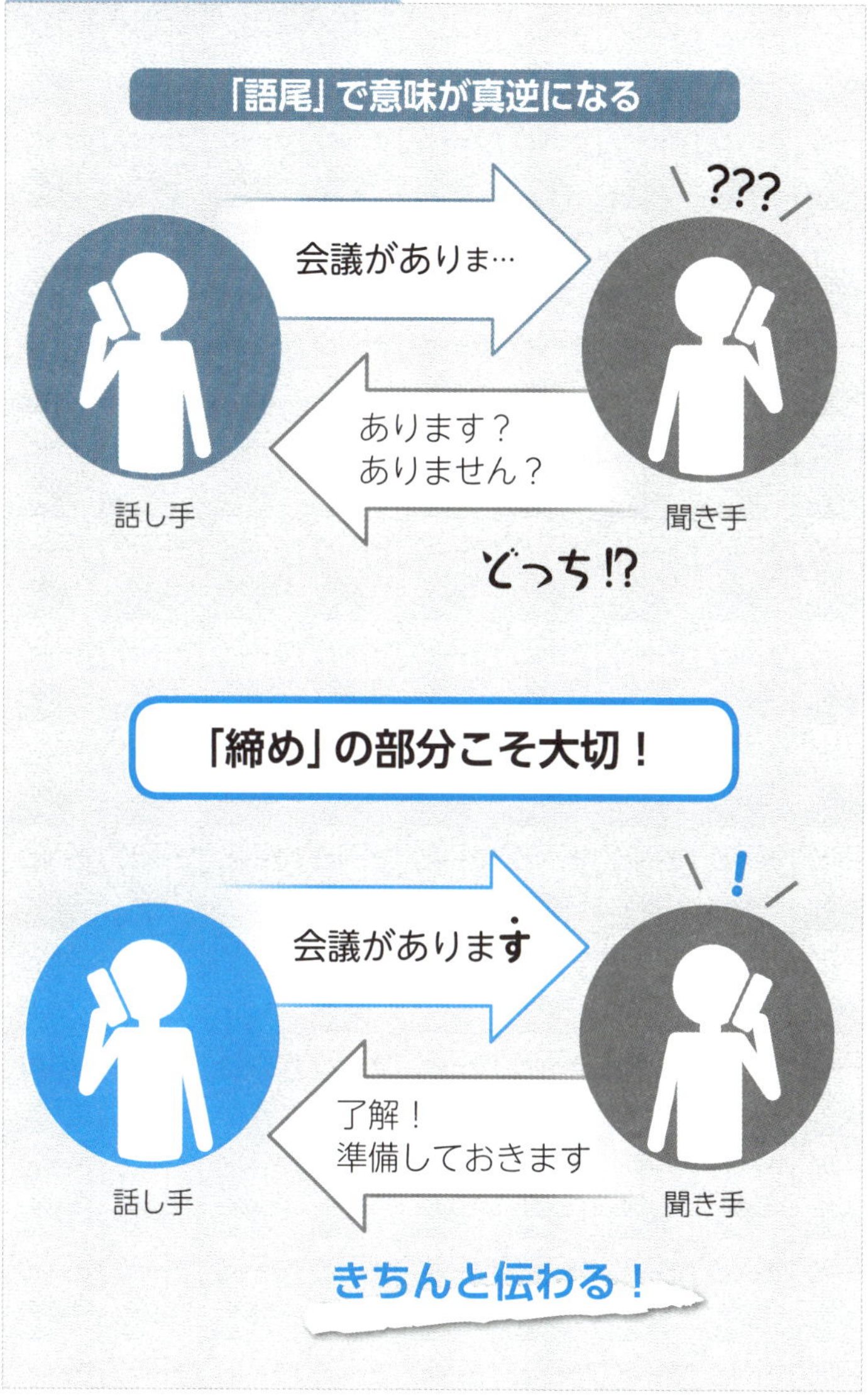
「語尾」で意味が真逆になる
???
会議がありま…
ありますか？
ありません？
話し手
聞き手
どっち⁉
「締め」の部分こそ大切！
!
会議があります
了解！
準備しておきます
話し手
聞き手
きちんと伝わる！

07
「でも」「けど」……頭のいい人ほど「逆接」が少ない！

逆接——つまり、**「でも」**や**「けど」**などの接続語を多用する人で、説明が上手な人はいません。

次の2つの話し方を比べてみてください。

①「企画を、今まとめているところです。でも、関連資料を集めるのに少し時間がかかるかと思います」

②「企画を、今まとめているところです。そのための関連資料を集めるのに少し時間がかかるかと思います」

この2つは、まったく同じ内容を話しています。

頭のいい説明『逆接』

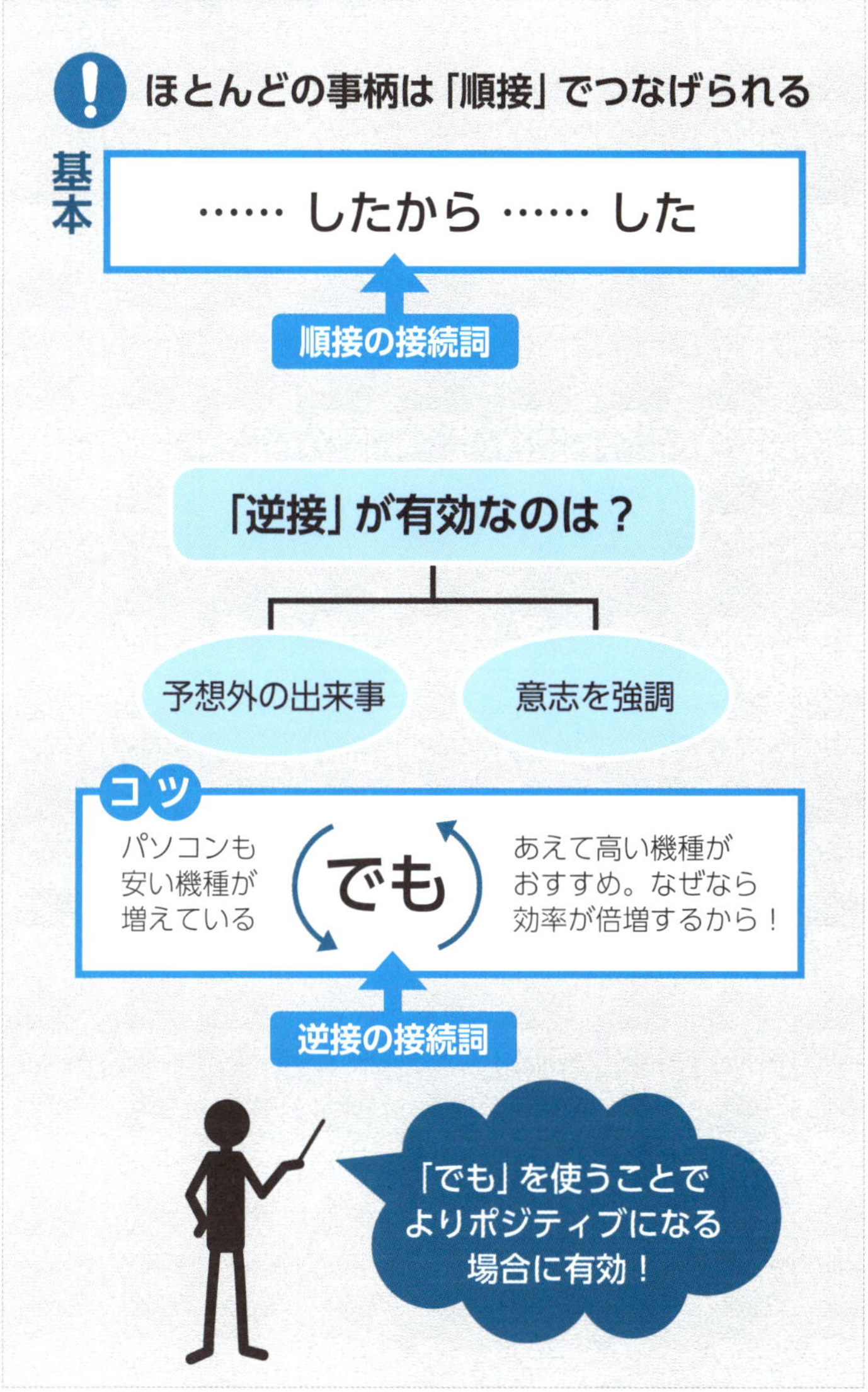
ほとんどの事柄は「順接」でつなげられる
基本
…… したから …… した
順接の接続詞
「逆接」が有効なのは?
予想外の出来事
意志を強調
コツ
パソコンも安い機種が増えている
でも
あえて高い機種がおすすめ。なぜなら効率が倍増するから!
逆接の接続詞
「でも」を使うことでよりポジティブになる場合に有効!

唯一の違いは、「でも」と「そのための」だけです。

それなのに、①のほうが**ネガティブな印象**を与えてしまいます。

逆接の接続語を使う必要がないのにもかかわらず、つい使ってしまう人は、それがクセになっているわけです。

言い方のクセは、すなわち、考え方のクセです。

謙遜にしろ、言い訳にしろ、頭の中で、つねに「でも」や「けど」など逆接の意味を持つ言葉を唱えているのです。そうすると、考え方までネガティブになるので注意したほうがいいでしょう。

ネガティブな感情や謙遜、言い訳の気持ちを捨てれば、ほとんどの事柄は順接の接続語でつなぐことができるはずです。

あなたの話し方はいかがでしょうか？　ほかの言葉に言い換えられる「でも」や「けど」を使っていないかどうか、意識してみてください。

逆接の接続語は、必然性があるときだけ、最低限にしておくのがポイントです。

「でも」は、前ページのように、**予想外の出来事を説明する**ときや、**あえて意志を強く伝える**ときなどに使うのが「頭のいい説明」と言えます。

CHAPTER 5

信頼される人は「本気の伝え方」がうまい！

01
説明を聞いた相手が「協力したくなる」仕組み

こちらの説明が終わった段階で、**相手が「協力したくなる」状況をいかに作るか**——。ここでは、そんな差のつく「最後の一押し」をご紹介します。

「協力したくなる」というのは、あくまで**自発的な欲求**です。

では、相手が「自分から協力したくなる」のは、いったいどんなときでしょうか？

①あなたを「応援」するとき

一生懸命やっている人、何かに向かってひたむきに行動している人に対しては、自然と「応援したい」という気持ちになります。「フォローしてあげたい」「守りたい」という気持ちを持つことがあるかもしれません。また、「育てたい」という気持ちを持つこともあると思います。

頭のいい説明『協力』

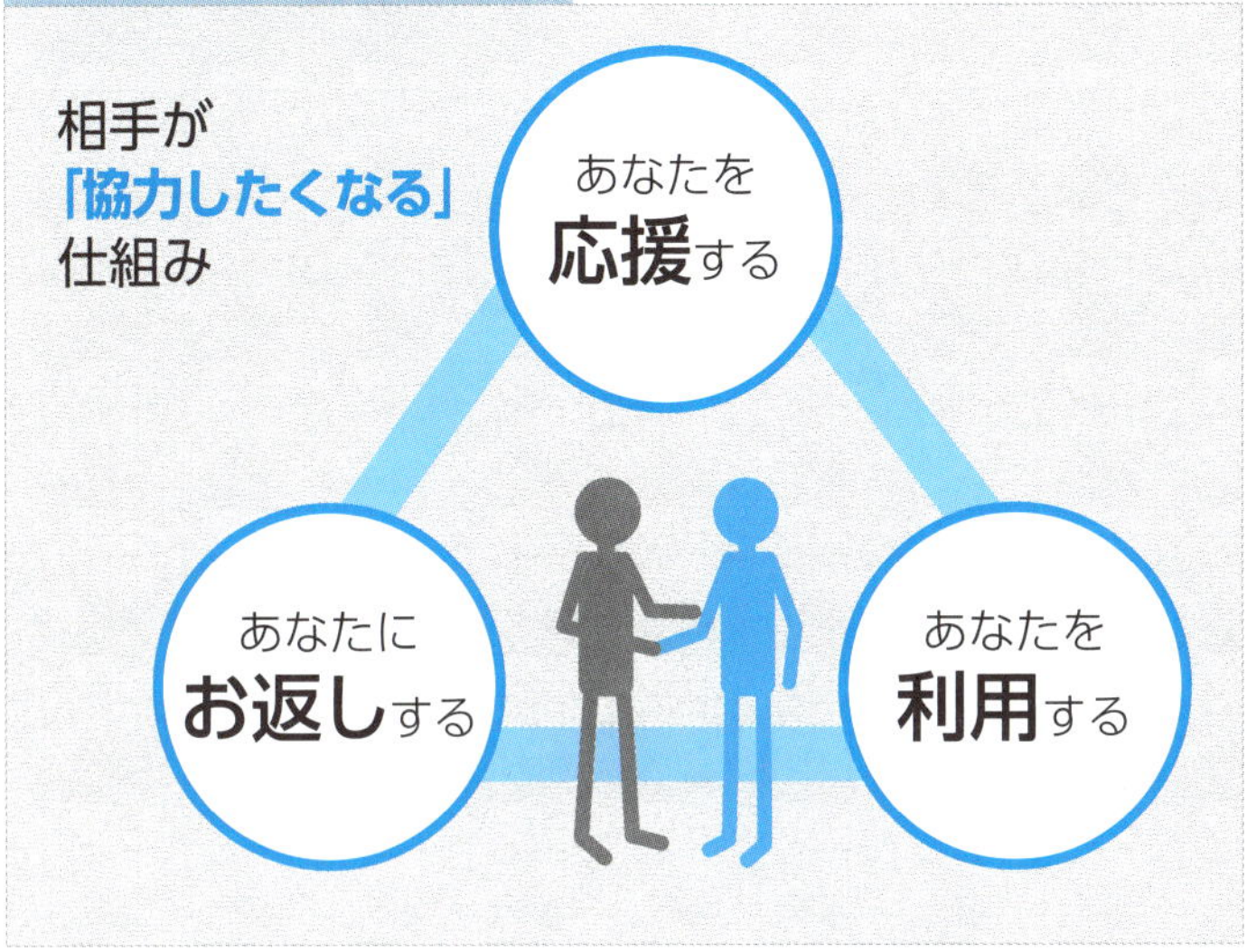

②あなたに「お返し」をするとき

自分を大切にしてくれる人には、そのお返しに「自分も相手の力になりたい」と思うのがごく普通の感情です。あるいは、**相手に以前何らかの便宜《べんぎ》をはかってもらった**ことに対する「ギブアンドテイク」もあるでしょう。

③あなたを「利用」するとき

相手に協力すると、後々メリットがありそうだと思うときがそうです。つまり、本来の話の内容とは別に、**何か下心があって協力したい**と思う場合です。

本章では、それぞれについて、順番に掘り下げていくことにします。

02 できる人ほど「自分の本気」を伝えようとする！

相手が「自分から協力したくなる」ときの最初のキーワードは「応援」です。

人は、本気になって一生懸命取り組む姿を見るのが好きなのです。

「本気で挑戦している若者を育てたい」という経営者も数多くいます。

成功している人ほど、そんな気持ちを強く持つ傾向があるようです。自分も多くの人に助けられて育ててもらったと考え、その感謝の気持ちから、「協力しよう」「応援しよう」という気持ちになるという話をよく聞きます。

あなたは、説明をするとき、次のような表現を使っていないでしょうか？

「上司がそう言っているので」

「一応、先方には指摘したのですが」

頭のいい説明『応援』

「Aさんに○Kしてもらえるのなら」

これらは、どれも「責任を回避したい」という印象が強い表現です。「仕事だから仕方がない」「担当だから仕方がない」という意味合いに取られます。つまり、

「自分は本気ではない！」

そう宣言しているようなものです。

あまりにも多くの人が、深く考えずにこんな表現を使っています。

担当者は、その仕事について最も多くの時間を使って、中身をより深く知っているはず

です。その担当者が本気で取り組んでいないような話に、誰も真剣に耳を傾けてくれるはずがありません。

では、その「本気」とは、いったい何でしょうか？

一生懸命やること？

最後まで努力すること？

あきらめないこと？

「一生懸命」「努力」「あきらめない」は当たり前。それだけでは不十分です。相手は本気だと認識してくれません。ここで理解していただきたいのは、**「本気かどうか」を判断するのは自分ではなく相手**だということです。

相手に「協力したい」と思わせるためには、**人との「違い」を見せる**ことです。

人と比べて「違うな」と思われるような、自分なりのやり方や努力の仕方で**「自分の本気」を伝える**のです。つまり、**「人がやらない」「人ができない」工夫**をする必要があるのです。

頭のいい説明『違い』

あなたの「本気」を判断するのは？

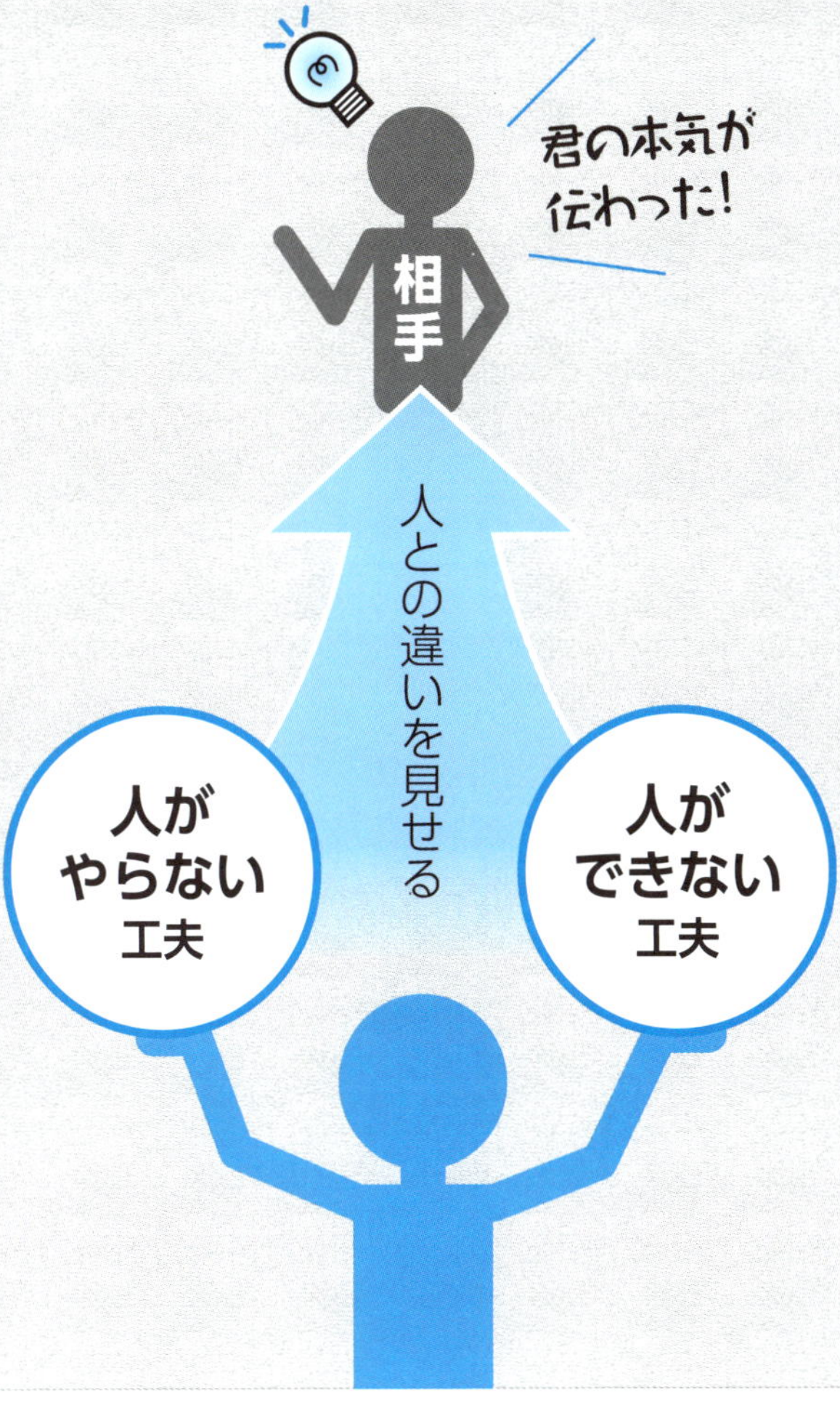

03 「自分のこだわりを話す」習慣を！

「本気」を伝えるための「人がやらない」「人ができない」工夫とは、どのようなものでしょうか？


「普通の人」と「自分」がどう違うのかを考えて「本気」を表現する。

それが結局、自分らしい説明につながっていくのです。


まずは、**何をすればいいか（WHAT）**――。例を挙げて説明しましょう。

仕事で採用面接をするのも、私の業務です。

面接で「面接当日までにどんな準備をしましたか？」と聞くと、ほぼすべての受験者が「会社のウェブサイトを見ました」と言います。

頭のいい説明『個性』

人との違いをどう表現する?
白
WHAT
青
普通の人
個 性
頭のいい人

「ほかには?」と聞くと、ほとんどの人が「それだけです」と答えるのです。

これでは「本気」は伝わりません。

「本気」で準備してきた人は、会社のウェブサイトを見るにも熟読していることを、こちらに感じさせるように言います。

「リンクがはられているすべてのページを見てきました」

「社長のブログは全部読みました」

さらに、ウェブサイトのすべてをプリントアウトし、付箋をあちこちにつけた紙の束を見せたりする人もいます。

もちろん、ウェブサイトの話だけでなく、

競合企業とのマッピングをしてきたり、その場で既存事業の発展策を発表したりする人もいます。

普通の人は○○するところを、自分はあえて△△する——。

それが「自分の本気」の伝え方です。

こういう方法は、ほかの場面でもいろいろ活用できます。

たとえば、約束の時間に遅刻しそうなとき、普通の人は先に電話だけ入れておいて落ち着いて到着するところを、自分は先に電話を入れつつも、あえて汗をかいて息を切らせてカッコ悪くやってくるというのもいいでしょう。

もちろん、その「本気」表現が相手によって通じないこともあります。

先方に少しでも早くたどり着こうと走って汗をかいて到着しても、「なぜ、そんなに汗をかいてるの?」くらいにしか思われないこともあります。

だからこそ、1つだけ工夫して終わりではなく、それが効かなかったときのために、**二の矢、三の矢、四の矢、五の矢を用意する**のです。それこそ、「自分の本気」の証明になるでしょう。

頭のいい説明『こだわり』

あなたの本気をどう伝える？

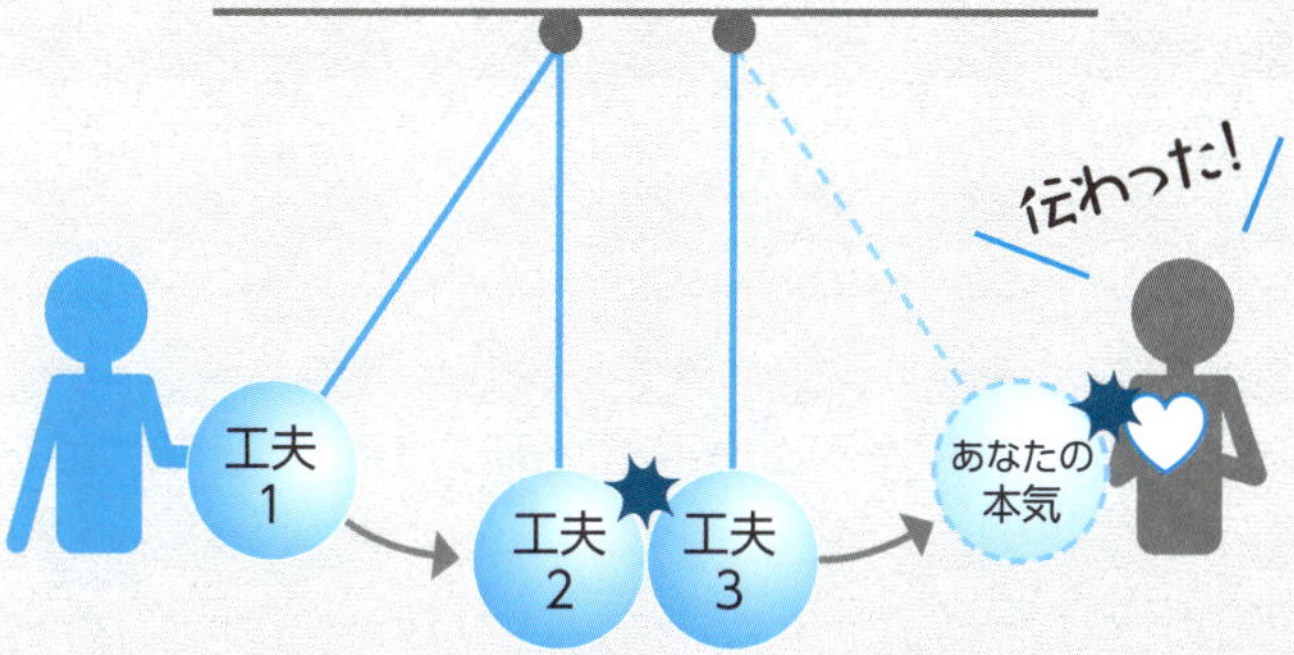

「人がやらない」「人ができない」工夫を！

	普通の人	頭のいい人
出社	定時に出社	1時間前に出社
資料を提出	文字ギッシリ	図でスッキリ！

04

「存在感のある笑顔」のコツ

どのように表現すれば、「本気」を伝えることができるか——。

本項のテーマは「HOW」です。「HOW」には3つあります。

最初の「HOW」は、**「笑顔で話す」**ことです。

コミュニケーションの基本中の基本にもかかわらず、なぜか、この基本ができていない人が多いのです。とかくビジネスの場では、真面目な表情になりがちです。

あるプロジェクトが終了し、相手の会社の役員に挨拶に行った際、

「あなたはいつもニコニコ笑いながら、話をしにきてくれたなあ」

と言われたことがあります。その役員とそれほど会話をした覚えもなかったので、私はこの言葉を少し意外に感じました。役員はどちらかと言えば気難しいタイプの人だったので、周りにも自然と似たようなタイプの人が集まり、結果的に「笑顔」を見

頭のいい説明『笑顔』

る機会が少なかったのかもしれません。

「笑顔」は、相手に注目してもらうきっかけになります。

若いうちから出世している人は、元気でよく笑っていて、声が大きい人が多いと思いませんか？　そんな人は、一言で言うと「存在感」がありますよね。

存在感があるから、周りからチャンスを与えられることが多い。チャレンジする機会が多いから（成功率はほかの人とそれほど変わらなくても）成功することが多い。また、同じ成功でも周りに与える印象が強い。

「笑顔」は、日ごろ「笑顔」が少ない相手にこそ、効果を発揮する――。

この私の仮説、どのように思われますか？

05 「自分が仕事で成長した話」が意外な感動を呼ぶ

2つ目の「HOW」とは、意図的に**結果より「プロセス」を伝える**ことです。

私たちは、「人の成長」を見るのが好きです。

たとえば、漫画やドラマの主人公が、ダメ人間から挫折を通してたくましくなっていくと、そんな姿に共感を覚えます。頼りなかった職場の新人クンが、後輩が入ると急に頼もしく見えるのも微笑ましい光景です。

そんな成長のドラマを見せられると、思わず応援したり、手助けしたくなったりするものです。この心理をぜひ味方につけたいものです。

自分が日々、どんなふうに努力し、どんな試行錯誤を繰り返しているのかを定期的に報告する。それだけで、相手には意外に喜ばれるものです。最近は、「結果」だけを報告する人が多いようですが、それでは相手の心を動かすことはできません。

頭のいい説明『プロセス』

失敗
努力
挑戦
結果
プロセス
がんばれ〜
人の心は
「ストーリー」で動く！

最近は、ブログを書く社長が増えています。なぜ忙しい経営者が、お金にならないブログを書くのでしょうか。

それは、ホームページへのアクセス数を上げるSEO対策や新しい情報の告知という一面もありますが、「試行錯誤する等身大」の姿を見てもらうという意図もあります。そうすることで、親近感を持ってもらい、ファンを増やす効果があるからです。

うまくいかなかったり、悔しかったりする姿を見てもらい、成功すると、より多くの人が喜んでくれます。つまり、**成功へのプロセスが、相手の心を動かす**のです。

こんなことで話が通りやすくなるなら、試してみない手はありません。

06 「足を運ぶ」説明術

最後の「HOW」は、**「直接」アプローチする**ことです。

説明の手段には、「実際に会って話す」「電話で話す」「メールで送る」あるいは「文書（手紙）で送る」などがあります。

現在はメールが主流ですが、メールでのやり取りが、実際に面と向かって話をしていたら起こりえないようなトラブルに至ってしまったことはありませんか？

メールは、「箇条書き」にできるような情報を淡々と伝えるときには、たいへん優れたツールです。逆に、「誠意」や「熱意」などを伝えるときに使うツールとしては適していません。そういった**「感情の熱」は、メールではなかなか届けられない**のです。また、ちょっとした言葉（文字）の使い方で、相手のネガティブな感情を煽りかねない危険性があります。

メールでやり取りをしていて、「相手の反応が鈍い」「どうやら、この話によい印象を持っていないようだ」という雰囲気を感じ取った場合、返事をなかなかもらえない場合には、「待ち」の状態をいち早くやめるべきです。

「自分の本気」をアピールするために、多少遠くても「足を運ぶ」というのがとても大きな意味を持ち、効果を生みます。

なぜ「足を運ぶ」ことが大切なのでしょうか?

多くの人は、「情報を伝えるだけならほかに手段があるのに、忙しい中、時間をかけて、わざわざ、やってきてくれた」と思います。

暑いとき、雨のとき、遠いときほど、実際に行く効果があります。

ただ、つねにどこにでも飛んでいけるというわけではありません。

「ここぞというとき」「今このときこそ」というときですね。

それは、相手がネガティブな状態の場合、**「話の流れを変えたいとき」「重要な決断をしてもらいたいとき」「説得したいとき」**です。

実際に会いに行くためのアポ取りも、「一度、お会いしたいのですが」とメールで送っても返事がもらえない場合があるため、電話をおすすめします。

07 相手の「共感」を生むネタの上手な見つけ方

相手が「自分から協力したくなる」ときの、2番目のキーワードは「お返し」です。**自分に興味を持ってくれた相手に興味を持つ**――。そこに共通の話題や体験が生まれます。

「カレーがお好きなら、おいしい店がありますからいっしょに行きましょう」

「おすすめのカレー店はどこですか？　今度連れていってください」

こういった会話が**「共感」**になっていくのです。

ただ、相手の好みを察してそれをビジネスの会話の中に入れるのは、それほど簡単ではありません。だからこそ、**それができる人には親近感を持ってしまう**のです。

おそらく、相手が細かいところまで気にして自分のことを見てくれているという驚きと、自分の極めて個人的なこだわりを理解してそれを受け入れてくれたという親近頭のいい説明『共感』

感が、その**相手への共感につながる**のではないかと思います。

逆に言えば、相手にとって自分がそういう存在になっておくことが、説明をする際に役立つ関係作りのひとつなのです。つまり、ここに「お返し」が生まれます。

相手との共通項が見つかるだけで心理的な距離が縮まり、仲良くなれるものです。そのために、会話の中から相手との共通項を意識して見つけるのです。

相手との共通項を見つけるには、日ごろから相手の話をよく聞くことです。

とくに、相手の**「たとえ話」「おもしろかったこと」「週末の過ごし方」**などを注意して聞くとよいでしょう。

08 「あなたが得すると誰が得する？」という発想法

相手が「自分から協力したくなる」ときの3番目のキーワードは「利用」です。相手に何かほかに下心や思惑があって、賛成、協力、応援してくれる状況です。

つまり、**自分が話を進めると「得する人」「喜ぶ人」を探す**——というのが、基本ステップです。

たとえば、新規事業のアイデアを思いついたが、所属している部署では実現が難しい。そこで、新規事業を担当する役員のところに行って提案してみた。それをきっかけに異動させてもらい、新規事業の立ち上げをしている——。なんていう人がたくさんいます。

会社とすれば、全社的に推進したいテーマというものがつねにあるはずです。

頭のいい説明『味方』

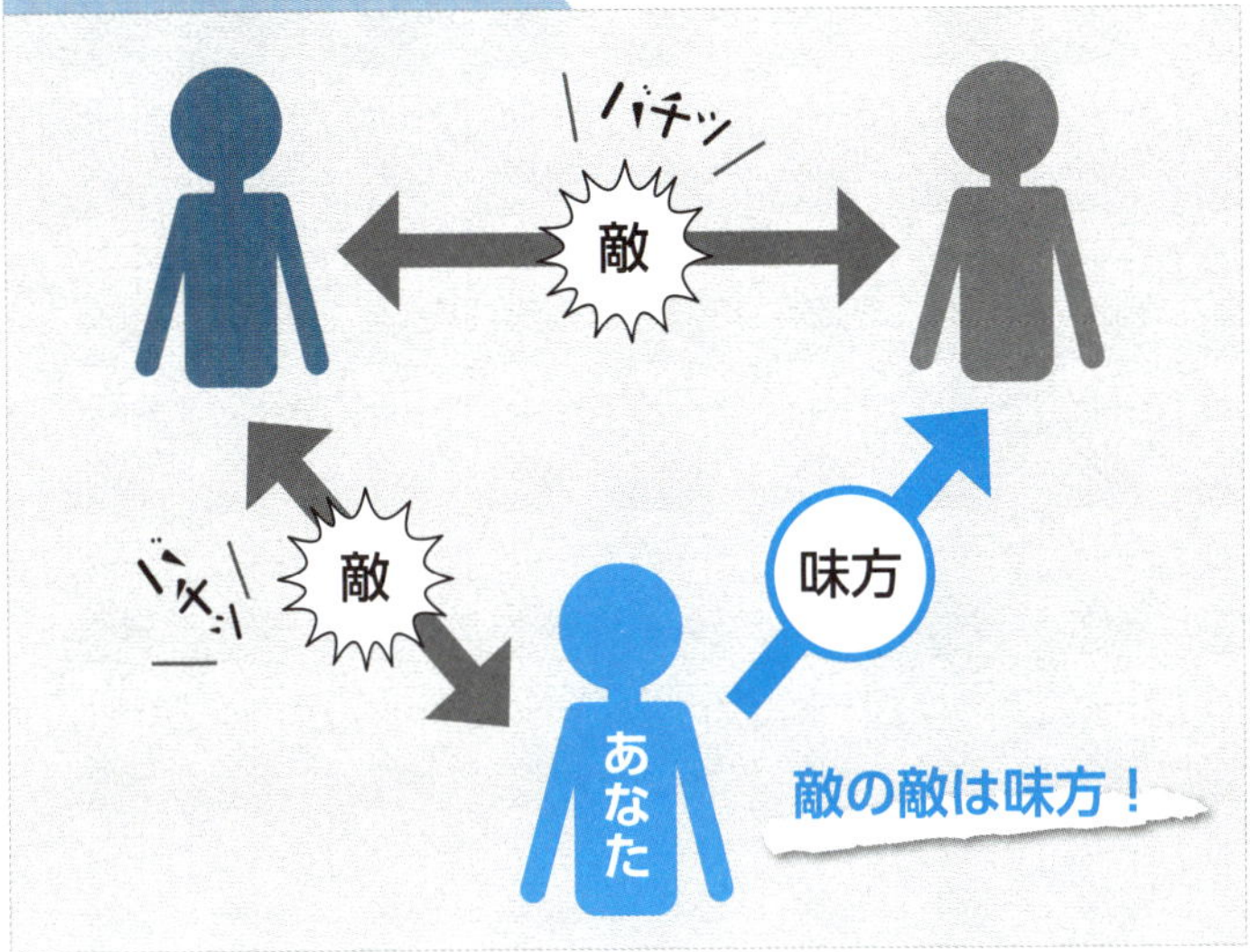

「新規事業をどんどん進めたい」とか「女性の管理職を増やしたい」とか「男性の育児休暇、あるいは在宅勤務を増やしたい」というものもあるでしょう。

「会社のテーマに自分の提案をうまく利用してもらえないか」と考えてみるのです。

相談や提案をする先は、必ずしもひとつではありません。

直属の上司で話にならないなら、別の人に相談してみればいいのです。そうやって、利害関係が一致している人を探してみるのです。

「敵の敵は味方」という言葉もあります。

「誰と組めば話が進めやすくなるかを考えて相談してみる」という方法があることをぜひ覚えておいてほしいと思います。

09

「人の心をくすぐる言葉」の法則

最後に、相手の「自尊心」をくすぐる言葉を紹介しましょう。

「一番先に相談したいんです」
「まず聞いてもらいたくてきました」

こうしたフレーズを聞いた相手は、悪い気はしないものです。

一番に相談する、つまり、情報を真っ先に持っていくこと自体が「相手に対する尊敬の念」を示すことになり、相手はたとえ忙しい最中であろうとも「説明を聞こう」という気持ちになってしまいます。ひいては「助けてあげよう」「協力してあげよう」というきっかけになっていくのです。

頭のいい説明『自尊心』

法則

1. 人は「嫌いな人の話」は聞かない
2. 人は「自分のことを好きな人」を好きになる

だから

1 まず、相手のことを好きになる

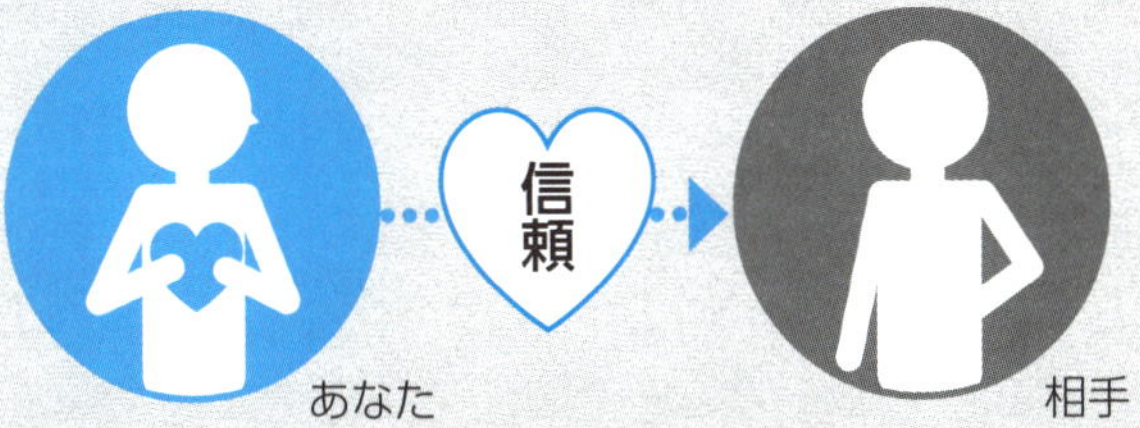
信頼
あなた
相手

2 相手の自尊心をくすぐる

一番先に相談したいんです
まず聞いてもらいたくて…
フムフム
あなた
相手

「そんなセリフ、わざとらしくて言いたくない」という方、わざとらしくても構いません。照れずに言えば、相手は「こいつ、うまいこと言いやがって」と思っても、けっして嫌な気持ちにはなりません。つまり、誰も損をしないのです。

ただ、嫌いな相手から話をされるより、**好きな相手からのほうが「協力したい」という気持ちになりやすい**ものです。それは、いったいなぜでしょうか？

第1に、人は嫌いな人の話を積極的に聞こうとはしません。「嫌い」という感情が心の中に「ノー」の構えを生み出してしまいがちだからです。

第2に、人は「自分のことを好きだという人」を嫌いにはなれないのです。

周囲の協力をうまく得ながらビジネスを成功させている経営者たちに話を聞くと、共通して「相手のことをまず好きになる」ことを意識しています。

相手を先に好きになれ――。まさにこれこそ、「頭のいい説明」の王道です。

人を好きになるのも、嫌いになるのも、考え方次第、訓練次第です。一度、自分の感情から離れて「相手のことを好きになるトレーニング」をしてみてください。

図解《ずかい》　頭《あたま》のいい説明《せつめい》「すぐできる」コツ

著　者――鶴野充茂（つるの・みつしげ）

発行者――押鐘太陽

発行所――株式会社三笠書房

〒102-0072 東京都千代田区飯田橋3-3-1
電話：(03)5226-5734（営業部）
　　：(03)5226-5731（編集部）
http://www.mikasashobo.co.jp

印　刷――誠宏印刷

製　本――若林製本工場

編集責任者　清水篤史
ISBN978-4-8379-2626-9 C0030